# 中部北陸自然歩道を歩く

目次


はじめに　3

案内図　8


## 岐阜県


難易度

1. 白川村「荻町合掌集落のみち」3・0km　●白川郷合掌集落、荻町城跡、であい橋　★★　10
2. 飛騨市「天生湿原とブナ原生林のみち」8・9km　●天生峠、天生湿原、籾糠山　★★★★★　13
3. 飛騨市「下小鳥ダムと稲越渓流のみち」13・2km　●下小鳥ダム、飛騨匠の伝説、稲越川　★★★★　16
4. 飛騨市「起し太鼓の里を訪ねるみち」9・8km　●飛騨古川の町並み、瀬戸川の鯉、森林公園、二ツ塚古墳　★★★★　20
5. 高山市「飛騨ブリ街道と飛騨桃のみち」8・3km　●飛騨桃の産地、阿多由太神社、安国寺の経堂　★★★★　24
6. 高山市「飛騨高山の町並みと天領のみち」10・0km　●美女峠、東山寺町、高山の古い町並み、高山陣屋　★★★★★　28
7. 高山市「美女峠の里めぐりのみち」7・1km　●美女高原、美女ヶ池、乗鞍岳(展望)、龍厳山　★★　31
8. 高山市「乗鞍岳展望と鳥屋峠越えのみち」15・1km　●鳥屋峠、乗鞍岳(展望)、向橋、津島神社　★★★★★　34
9. 高山市「旧野麦街道糸引きのみち」19・0km　●野麦峠、お助け小屋、乗鞍岳(展望)、塩沢温泉　★★★★★　38
10. 高山市「飛騨桃源郷アララギのみち」10・1km　●飛騨桃・飛騨リンゴの産地、あららぎ湖、舟山高原　★★★　42
11. 下呂市「位山街道、峠越えのみち」6・6km　●あららぎ湖、位山峠、旧官道の石畳、だんご渕　★★★★　46

# はじめに

中部北陸自然歩道は春に歩けば生命の息吹を感じ、初夏には新緑から力強さを与えられ、秋は紅葉のあざやかさと落ち葉のはかなさに心を打たれ、そのときどきの四季の自然や道が織りなす風景を体感することができる。

本書は中部北陸自然歩道のウォーキングガイドとして計32コースを紹介している。岐阜県は全26コースと、北陸地方は福井県全20コースと石川県全51コースと福井県全33コースからそれぞれ2コースを選りすぐった。

趣のある旧街道の石畳がつづく中山道や野麦街道、歴史のある町並みの高山や世界遺産の白川郷と五箇山、飛騨の山間や山中温泉の名湯、乗鞍岳ふもとや飛騨地方の山岳での森林浴、戦国時代を生き抜いた武将に関わる名所や旧跡など、今すぐ歩きたくなる道が詰まっている。

さらに全コースにカラー写真を載せ、食事どころや温泉、マイカーの駐車場の情報をマップや歩行データで案内している。本書を読むことによって自然歩道や歴史古道や里山歩きへの期待をふくらませて、〝身軽、手軽、気軽〟に心ゆくまでウォーキングを楽しんでほしい。

＊中部北陸自然歩道……環境省の整備事業で2001年に整備完成した、全国で7番目の長距離自然歩道。滋賀、福井、石川、富山、岐阜、長野、新潟、群馬の8県にまたがり、総延長距離は4029kmにおよぶ。他に東海自然歩道、九州自然歩道、東北自然歩道、首都圏自然歩道などがある。

（撮影：庄川良太郎）

# 中部北陸
# 自然歩道を歩く

田嶋直樹
*Naoki Tajima*

風媒社

⑫ 下呂市「**山之口街道上呂展望のみち**」10・0km ●お美津稲荷、浅水の吊橋、位山自然の家 ★★★ 50

⑬ 下呂市「**巌立と滝へのみち**」9・2km ●サイクリングロード、古子の紅梅、下島温泉、巌立峡 ★★★★ 54

⑭ 下呂市「**益田街道禅昌寺を訪ねるみち**」9・7km ●健康の道、桜谷公園、久津八幡宮、禅昌寺 ★★★ 58

⑮ 下呂市「**シダレグリと初矢峠石畳のみち**」5・9km ●シダレグリの自生地、初矢峠の石畳、鎌倉街道 ★★★ 61

⑯ 下呂市「**飛騨金山温泉へのみち**」2・0km ●飛騨金山温泉、馬瀬川（展望）、道の駅かれん ★ 64

⑰ 白川町「**パイプオルガンの里探訪のみち**」6・3km ●クオーレふれあいの里、白川橋、白川、茶畑 ★★★ 68

⑱ 七宗町「**日本最古の石にふれるみち**」7・2km ●飛水峡、日本最古の石、ポットホール、御衣黄桜 ★★★ 72

⑲ 川辺町「**川辺ダム湖のみち**」4・3km ●ダム湖、かわべ夢広場、川辺漕艇場 ★★ 76

⑳ 八百津町「**武蔵伝説探訪のみち**」5・5km ●五宝滝、大仙寺、五宝滝公園、本町通り ★★★★ 79

㉑ 可児市「**森蘭丸の里めぐりのみち**」4・4km ●森蘭丸兄弟の墓、金山城跡、蘭丸ふるさとの森 ★★ 82

㉒ 恵那市「**中山道十三峠のみち**」3・5km ●西行硯水公園、西行塚、槙ヶ根一里塚、桜百選の園 ★★ 85

㉓ 中津川市「**奥恵那峡と青邨記念館へのみち**」5・7km ●桃山公園、奥恵那峡、前田青邨記念館、苗木城跡 ★★ 89

㉔ 中津川市「**中山道落合の石畳を訪ねるみち**」6・1km ●落合の石畳、落合本陣跡、木曽路の碑、与坂の立場 ★★★★ 92

㉕ 中津川市「**藤村をしのぶ文学と歴史のみち**」4・4km ●藤村記念館、馬籠宿、馬籠峠、子規展望台 ★★★ 96

㉖ 中津川市「**磯前神社大杉を訪ねるみち**」7・2km ●椛の湖、磯前神社、坂下神社 ★★★ 100


## 福井県


㉗ 敦賀市「**気比の松原と芭蕉を偲ぶみち**」8・0km ●気比神社、金ヶ崎宮、気比の松原 ★★★ 103

㉘福井市「朝倉遺跡と一乗滝のみち」7・0km ●朝倉氏遺跡、一乗城山、一乗滝、復元地区 ★★★★★ 107

## 石川県

㉙加賀市「山中漆器と渓流のみち」3・8km ●山中温泉、鶴仙渓、あやとり橋と桜公園、こおろぎ橋 ★★ 111

㉚津幡町「倶利伽羅峠のみち」6・9km ●くりから古戦場、倶利伽羅不動寺、旧北陸道、森林公園 ★★★★ 115

## 富山県

㉛小矢部市「倶利伽羅峠越えのみち」5・4km ●植生護国八幡宮、猿ヶ馬場、矢立、倶利伽羅不動寺 ★★★★★ 118

㉜南砺市「朴峠牛方をしのぶ石畳のみち」12・2km ●人喰谷、お助け小屋跡、相倉合掌集落、つくばね森林公園 ★★★★★ 122

コラム 67

参考文献・インターネット 126

おわりに 127

## 本書を読む前に

歩行時間は休憩時間をふくんでいないので、時間には余裕をもって行動しよう。一般的に1時間の歩行につき、10分の休憩が望ましい。少なくともガイドマップ（本書）、水分、帽子、レインウェアは携行して歩こう。

自然歩道の多くのモデルコースは公共交通機関を利用して起点や終点にして歩きだすことができる。しかし、公共交通機関は1日の運行本数が少なかったり、廃線や運休になってしまっていたりするので、事前に確認しよう。

モデルコースとモデルコースとの間は自然歩道には適していないため、連絡道という設定になっている。

マイカーを利用する場合の駐車場も掲載したので参考にしてもらいたい。

コース上には道標が設けられているが、草木に覆われて隠れてしまっていたり、年月により風化したり、朽ちてしまっていたりすることもある。道標が確認できず迷ってしまうこともあるので、体力に余裕のないときは山道を歩くコースは控えよう。

「難易度」は行程の長さと道のりの起伏をもとに、著者の独断により★印5段階で判定した。初心者は難易度の低いものから歩き始めよう。距離が短くても起伏がはげしい場合は評点を高くしてある。とくに難易度★★★★★は山道がつづくので、スニーカーより足元がしっかりしているトレッキングシューズが望ましい。



---

＊本書のマップやデータを作成する際、以下の行政のガイドマップを参考にしました。
岐阜県「自然・歴史・文化にふれる中部北陸自然歩道　岐阜県コース①」
　　　「自然・歴史・文化にふれる中部北陸自然歩道　岐阜県コース②」
富山県「中部北陸自然歩道〈県南西部版〉五箇山探訪編」
　　　「〈県北西部版〉富山湾と万葉のふるさと探訪編」
石川県「百景めぐるみちと自然百景」
福井県「中部北陸自然歩道〈福井県コース〉」（以上は66ページを参照）
＊本書掲載の地図は、国土地理院発行の2万5000分の1地形図をもとに作成しました。

# 中部北陸自然歩道 MAP①

## 岐阜県

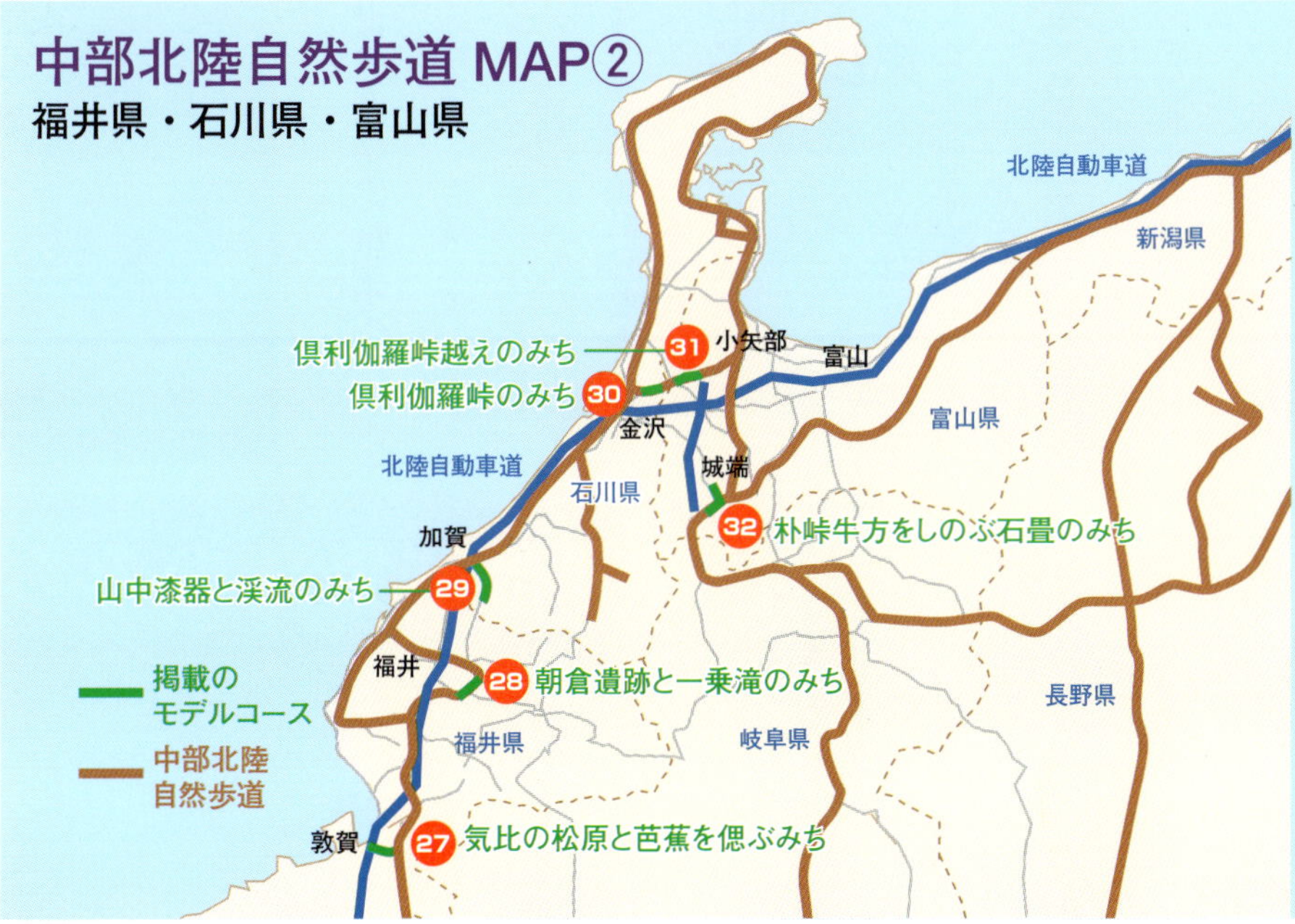




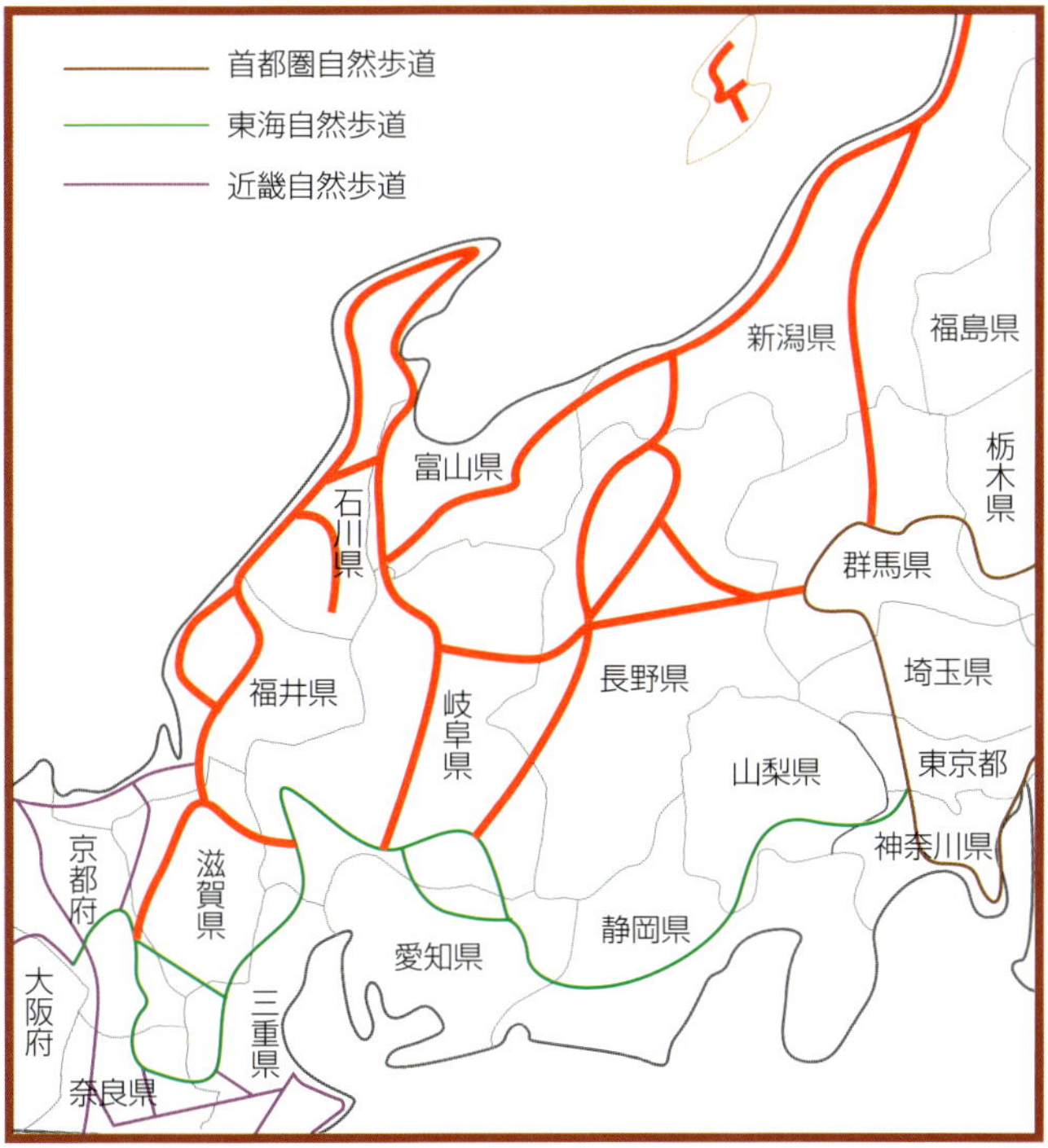


## 【中部北陸自然歩道全ルート】

## 1 白川村

### 世界遺産の集落へ

高山市の濃飛バスセンターから約2時間走った路線バスは、せせらぎ公園に到着する。すぐ南側の野外博物館には合掌造り民家園がある。村内から移築した合掌造りの民家と小屋を移築して保存、そば打ちや機織の体験もできる。

合掌造りの名は、手を合掌したような急勾配の三角屋根になっていることに由来する。豪雪地帯の積雪に強い建築構造となっているのだ。屋根の骨組みは梁《はり》ではなく縄で結ばれている。

庄川にかかる全長107m

# 萩町合掌集落のみち

## 世界遺産の萩町合掌集落を歩いてみよう

●3.0km　みどころ――白川郷合掌集落、萩町城跡、であい橋

難易度……★★



萩町合掌集落（撮影：庄川良太郎）

江戸時代の建築の和田家（撮影：庄川良太郎）

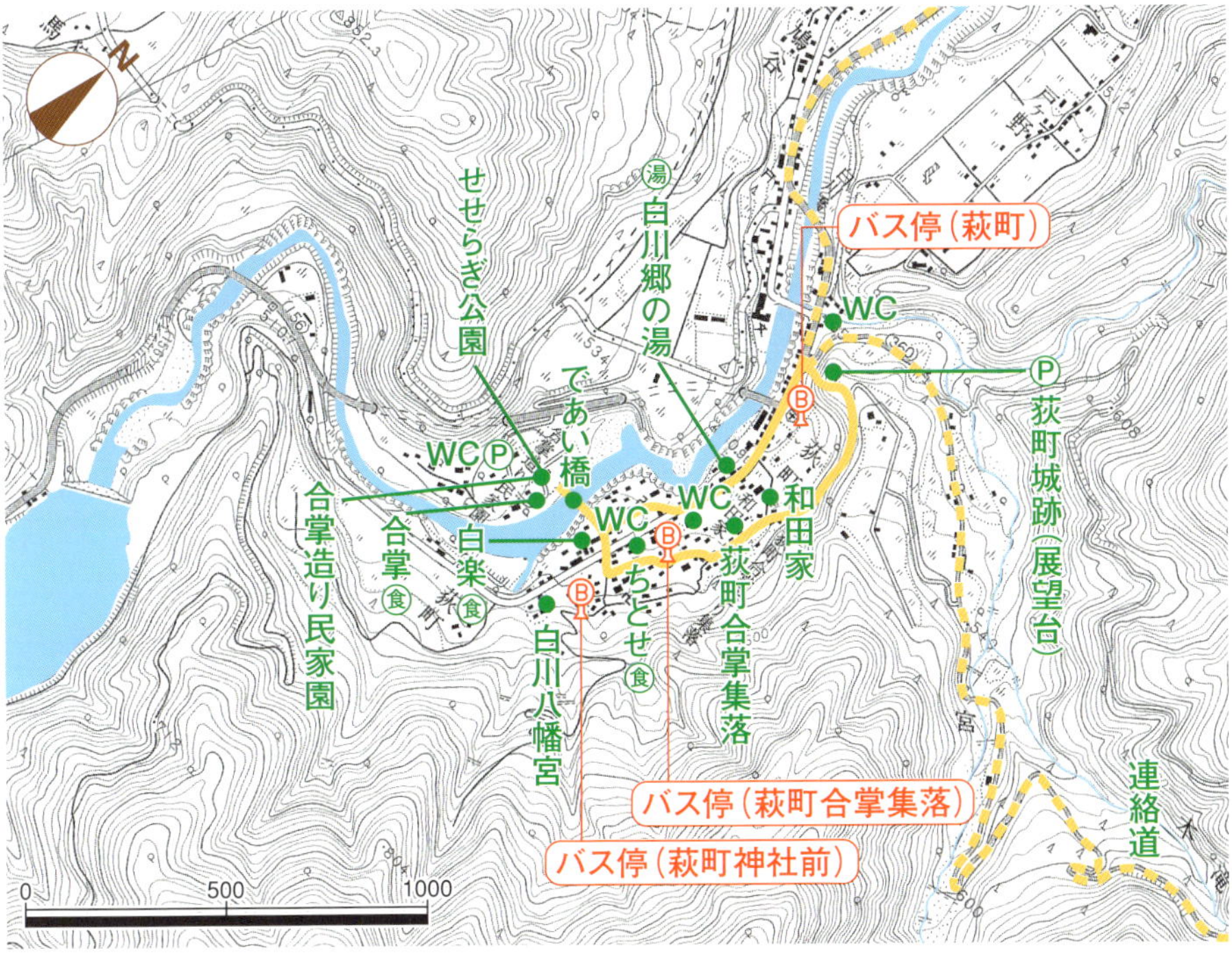




**■コースタイム（3.0km）**

せせらぎ公園（0.1km・1分）であい橋（0.7km・10分）萩町合掌集落（0.7km・15分）萩町城跡（0.3km・5分）萩町バス停（1.2km・20分）せせらぎ公園

**■25,000分の1地形図：**「鳩谷」「平瀬」

**■交通アクセス** 往路：萩町合掌集落バス停
復路：萩町合掌集落バス停

**■問い合わせ先：**白川村産業課　05769-6-1311

**■食事：**
お食事処合掌　05769-6-1419　萩町
白楽　05769-6-1070　萩町
ちとせ　05769-6-1559　荻町

**■温泉：**白川郷の湯　05769-6-0026　萩町

**■宿泊：**白川郷の湯　05769-6-0026　萩町

**＊上記の食事・温泉・宿泊の情報は、名称と電話番号と地区名を記載しています。駐車場、トイレは地図に記載。（以下同）**

全長107mのであい橋（撮影：庄川良太郎）

の「であい橋」を渡り、合掌集落へ向かう。萩町合掌集落は1995年12月に富山県の五箇山《ごかやま》集落とともにユネスコ世界文化遺産に登録された。そのため海外からの観光客もたくさん訪れている。

また、1183（寿永2）年の倶利伽羅《くりから》合戦で敗れた平家の落武者が移り住んだとも伝えられている。

萩町城跡からの眺め

## みたらし団子に舌鼓

集落と水田の間にのびる風情ある道をゆく。白川郷らしい茅《かや》葺きの鐘楼門に本堂、合掌造りの庫裏の明善寺を過ぎ、加賀藩医だった長瀬家に着く。時間がゆっくりと流れている感覚になる。どちらも有料で一般公開されていて、農耕具や養蚕《ようさん》具などを展示している。

高山や白川郷では、みたらし団子と五平餅が名物だ。白川郷観光案内所の奥にある「ちとせ」でみたらし団子を買う。みたらし団子はあまだれではなく、あっさりとしたしょうゆで香ばしく焼いている。

　この店で5本、３００円を購入してみた。僕がほおばっている様子を見て、となりのおばちゃんグループが「おにいちゃん、すごい食べっぷりね」「私たちはそんなに食べれないわ」と驚いたように話していた。しかし、おばちゃんたちも五平餅をものすごく大きな口を開けてほおばっていた。お互いさまである。

　さて、合掌集落には合掌造りの住居が60棟近く建っている。なかでも代々庄屋や白川村の初代村長も務めた和田家は、江戸中期から後期の建築といわれる。白川郷随一の規模である。現在も住居として使用しているが、有料で一部公開されている。

　4月上旬になると、屋根の葺き替えを行う。火災から守るために一斉放水の訓練も年一回行われて、これらは村の風物詩になっている。10月には白川八幡宮でどぶろく祭りが行われ、参拝者にはどぶろくが振る舞われる。それを楽しみに多くの人々でにぎわうのだ。合掌造りの家には宿泊することも可能だ。

## 絶好の展望地の萩町城跡

　和田家から白川郷合掌文化館を過ぎ、北へ登っていくと、戦国時代には城があった萩町城跡に着く。今は東屋やベンチが設けられていて、集落を見下ろす絶好の展望地となっている。雪の季節もよく、ここから見る一面まっ白に染まった景色は目が覚めるほどだ。天気がよければ白山連峰も遠望することができる。

　山道を下ると国道１５６号の萩町バス停に着く。そこから南下して、せせらぎ公園をめざす。途中の白川郷の湯で旅の汗を流すのもいいだろう。

　また、通りの脇には土産屋が連なっていて、飛騨みやげのさるぼぼ人形がさまざまな表情で並んでいる。この人形は赤い布でつくられていて、中に綿が詰められている。昔からの郷土玩具で安産や子どもの無事を願うお守りだ。

　萩町合掌集落バス停の手前を右のわき道に入る。３００mほど歩いて左折をして、であい橋を渡れば起点と終点のせせらぎ公園に到着する。

2

飛騨市河合町

## 小説『高野聖』の舞台

高山と白川郷を結ぶ天生《あもう》峠にある天生湿原は県下有数の湿原地帯だ。春には雪白色のミズバショウが開花し、秋には一帯のブナ林が紅葉して多くのハイカーが集まる。

標高１３００m地点の天生峠には、駐車場やトイレ、避難小屋が設けられている。地元の方々の青空市場が並び、自家製の漬物や果物、野菜がお手ごろな価格で手に入る。

天生峠は泉鏡花の小説『高野聖』（１９００年）に登場する。高野の旅僧が飛騨山中で出会った怪異を描いた作品だ。

# 天生湿原とブナ原生林のみち

## 標高1400mにある県下有数の湿原を歩いてみよう

●8.9km　みどころ――天生峠、天生湿原、籾糠山

難易度……★★★★★

籾糠山山頂からの眺め。紅葉が色づく

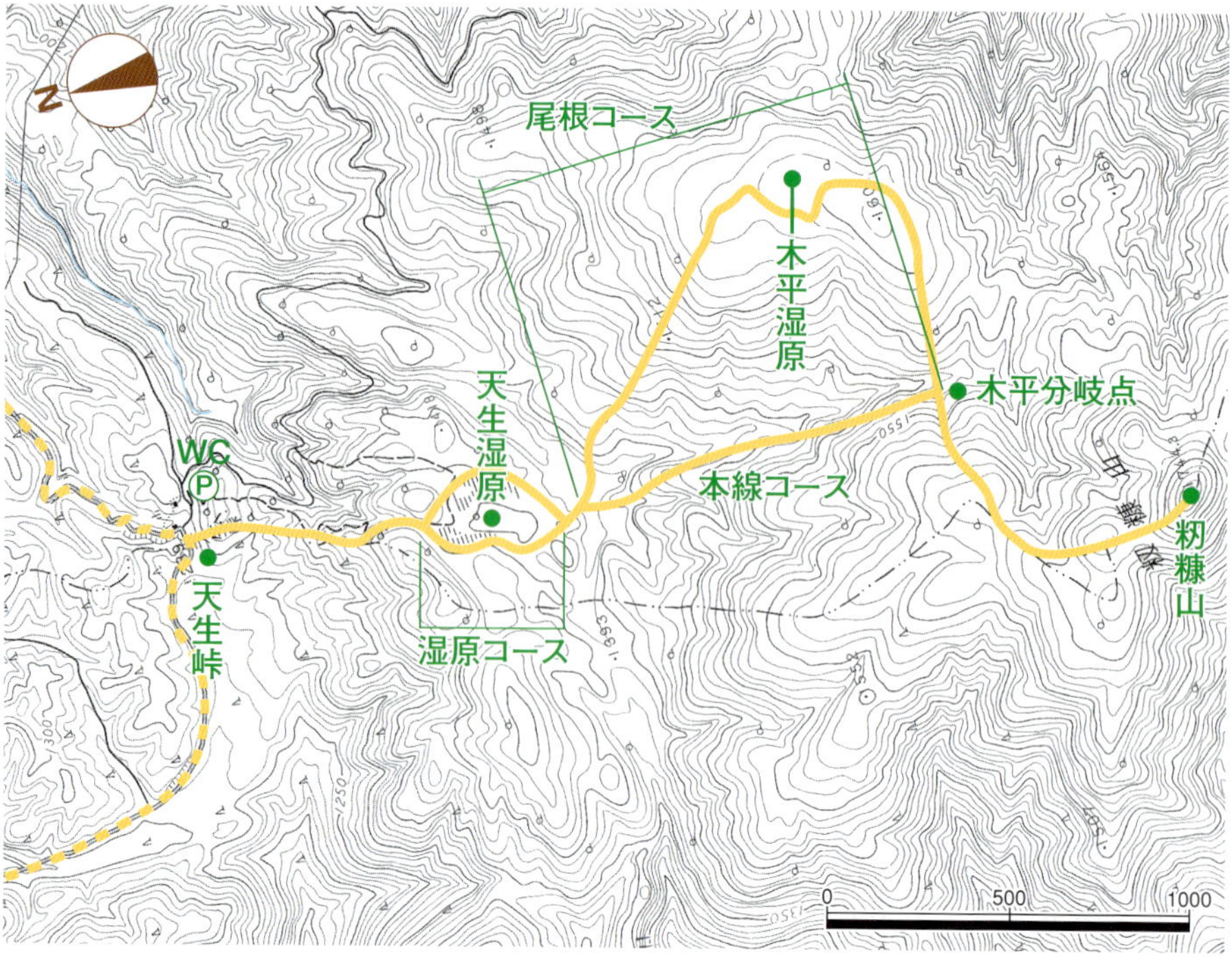


■コースタイム（8.9km）

天生峠（1.4km・30分）天生湿原〈本線コース〉（1.4km・40分）木平分岐点（1.3km・50分）籾糠山（1.3km・45分）木平分岐点（0.9km・20分）木平湿原〈尾根コース〉（1.2km・15分）天生湿原（1.4km・10分）天生峠

■25,000分の1地形図：「鳩谷」「平瀬」

■交通アクセス

往路：－

復路：－

■問い合わせ先：

飛騨市河合振興事務所

産業建設課　0577-65-2221

■食事、温泉、宿泊施設なし



文中で、ここが当時から山深かった様子を表現している。

## 標高１４００ｍの天生湿原

天生湿原の入山には森林環境整備推進協力金として５００円が必要だ。

しばらく細い山道を歩いていくと、標高１４００ｍの地点に天生湿原が出現する。中部以北の山地の湿原地帯に群生するミズバショウをはじめ、ダルマ草とよばれるザゼンソウ、オレンジ色の花を咲かすニッコウキスゲ、フキに似たリュウキンカなどの高層湿原植物の群落がある。ここは岐阜県の天然記念物に指定されている。さらに、貴重な種類の昆虫も生息している。

湿原のまわりには木道が整備されていて、ゆっくりと散策を楽しむことができる。べンチも設けられているのでお弁当を広げ、のんびりと時間を過ごすのもいい。

## ブナに囲まれる籾糠山へ登る

湿原から籾糠《もみぬか》山へは本線コースと尾根コースに分かれている。往路は本線コースで登ることにする。

あたりはブナの原生林にかこまれた気持ちのいい道だ。どのブナも見上げるほどの巨木に成長し、幹も太々とたくましい。緑のガウンを身につけているように厚い苔をまとって、独特のまだら模様をつけている。ブナがある森は水の潤いのある土地で豪雪にも耐えるといわれる。

やがて小川のせせらぎが流れる渓谷沿いをゆるやかに登っていく。ところどころ小川を渡る箇所があるので、苔《こけ》で足を滑らせないように慎重に渡っていこう。わき水が湧いているので、顔を洗って元気を回復させる。

ブナ原生林

木平分岐点からは西へ進路をとり、本格的に籾糠山へ向かって傾斜は急になる。一気に汗がふき出してくる。それでもブナなどの高木が日をさえぎるため涼しさが感じられる。標高差１００ｍほどを上がるとなだらかな尾根歩きとなる。高山での針葉樹林であるオオシラビソも見られる。

ふたたび山頂へ向けて最後の急な坂を登ると、標高１７４４ｍの山頂にたどりつく。頂きは広くはないが、視界が開けていて気持ちがいい。幾重にも重なる山並みのさらに遠くには、北アルプスを見ることができる。秋には黄色く色づき、まるで絨毯を敷きつめたようなブナの木々たちを見下ろせる。

山頂から急坂をもどり木平分岐点まで下る。ここから復路は尾根コースをなだらかに登っていき、ダケカンバにかこまれた、なだらかな木平湿原を歩く。ダケカンバの樹皮はベージュで紙状に薄くはがれ、シラカバに比べて高木に生えて枝ぶりは荒々しい。高低差２００ｍのブナ林の尾根を下り、渓谷沿いに生えるカツラの大木のある平地へ合流する。

天生湿原の東側をまわり、高層湿原植物を見ながら歩くと、足取りは自然とゆったりとなってしまうだろう。

天然記念物に指定されている天生湿原

## 飛騨の匠の月ヶ瀬伝説

飛騨市河合村は岐阜県の飛騨地方の北端に位置している。ほとんどが山林で平地の面積は少ない。林業に従事する山村と稲作や雑穀作の農村に大別される。

小鳥《おどり》川沿いの荒町バス停が起点だ。ここには食堂や宿泊施設と飛騨匠の里キャンプ場がある。暁橋を渡って県道75号を下小鳥ダムへ向かって歩いていく。

3kmほど歩いて月ヶ瀬橋を渡ると四千院がある。この月ヶ瀬地区には「月ヶ瀬伝説」

# 下小鳥ダムと稲越渓流のみち

## 稲越川沿いの山間の道を歩いてみよう

●13.2km　みどころ――下小鳥ダム、飛騨匠の伝説、稲越川

難易度……★★★★



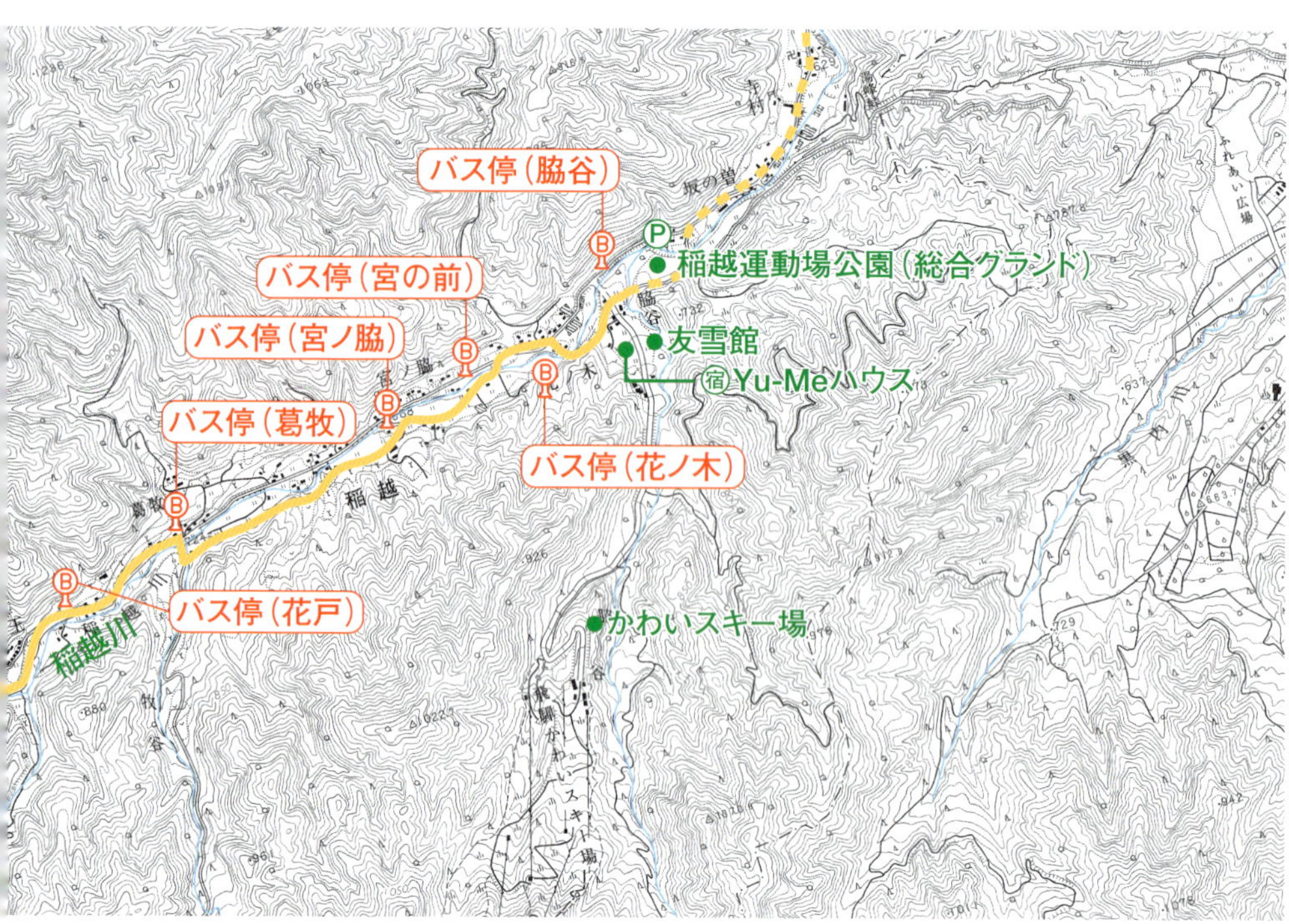

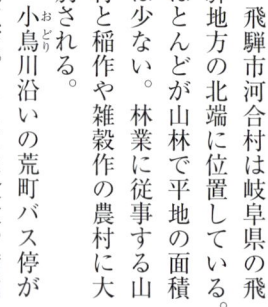

ダム湖に面する休憩所

がある。余部の里の農夫九郎兵衛の娘、忍《しのぶ》が満月の夜に川面に映った月をすくって飲みほすと、子を身ごもったという。そこでこのあたりの村を月ヶ瀬と呼ぶようになった。

その子が都にでて飛騨の匠《たくみ》となり、さらに左甚五郎《ひだりじんごろう》になったという伝説もある。左甚五郎は江戸時代初期の名工で、栃木県の日光東照宮の「眠り猫」を彫ったことで有名だ。

■**コースタイム（13.2km）**
荒町バス停（3km・45分）四千院（1.6km・25分）下小鳥ダム（3.4km・60分）保峠（5.2km・1時間15分）稲越運動場広場

■**25,000分の1地形図：**「角川」「猪臥山」

■**交通アクセス**　往路：荒町バス停
復路：脇谷バス停

■**問い合わせ先：**飛騨市河合振興事務所
産業建設課　0577-65-2221

■**食事：**レジェンドあすか 0577-65-2074 元田
ゆうわ〜くはうす　0577-65-2180　角川

■**温泉：**ゆうわ〜くはうす　0577-65-2180 角川

■**宿泊：**
レジェンドあすか　0577-65-2074 元田
アスク山王　0577-65-2366　稲越
やまびこ館　0577-65-2466　稲越
Ｙｕ-Ｍｅハウス　0577-65-2213　稲越
飛騨匠の里キャンプ場　0577-65-2074　元田
なかんじょ川キャンプ場　0577-65-2818　元田

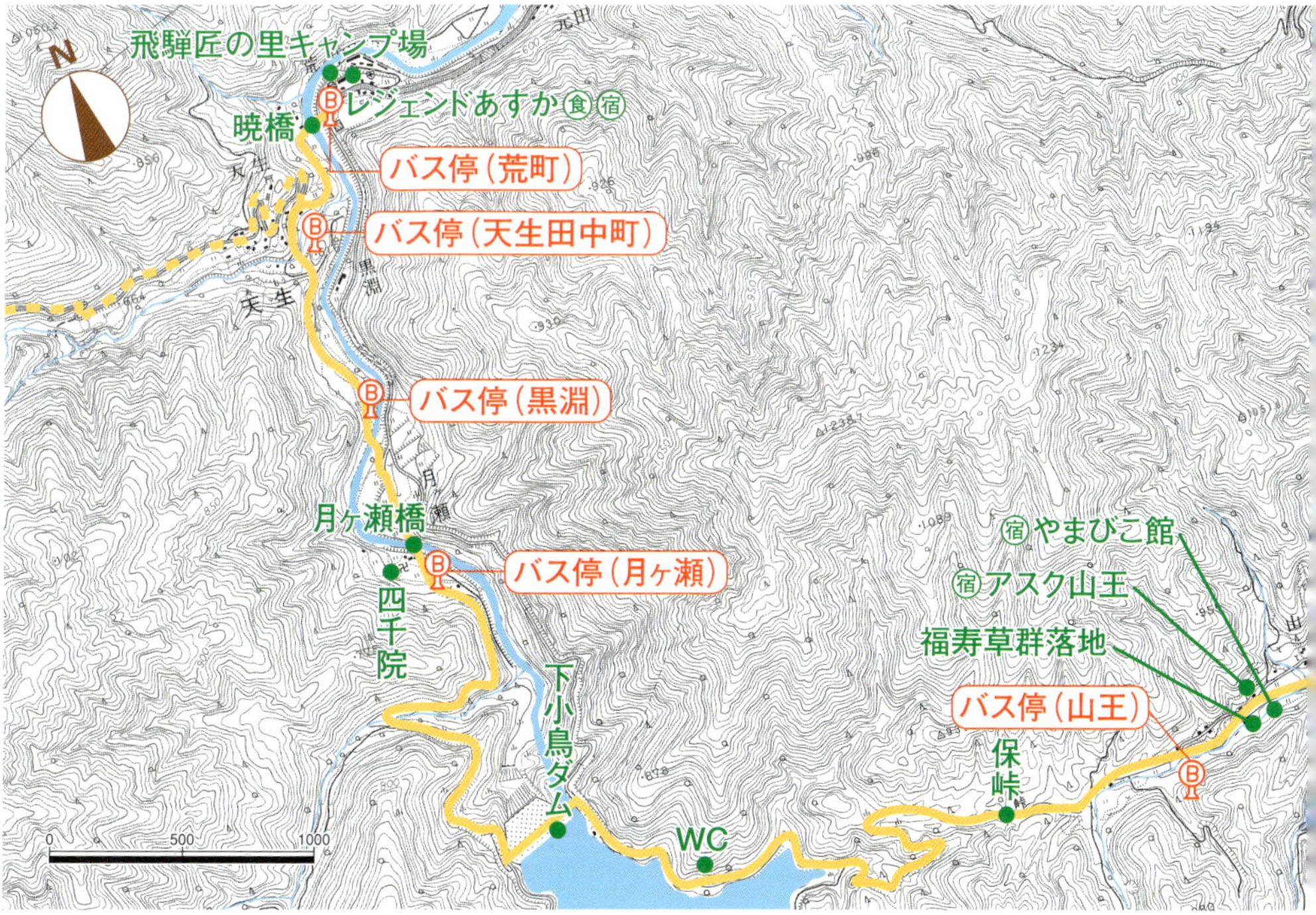

無数の岩石が積み重ねられたロックフィル式ダムの下小鳥ダム

月ヶ瀬地区には飛騨の匠の伝説が残る

現在、月ヶ瀬地区には飛騨匠の碑が建ち、小鳥川沿いには忍岩、神女の泉などの名がつく場所がある。

## 展望がいい下小鳥ダム

月ヶ瀬地区からさらに山間の県道478号の細い舗装路をゆくと下小鳥ダムに着く。このダムは天然の岩石を積み上げて造営した。春には湖畔のサクラが開花して、一帯の山林を華やぐ。ダム湖ではなまずの養殖が行われている。

ダムから500mほど行くと中部北陸自然歩道の休憩所があり、東屋とトイレが設けられている。ここから広い湖面を眺めれば、時を忘れて体を休ませることができる。秋の山林を覆う紅葉を見るには絶好のポイントだ。

岐阜県内の中部北陸自然歩道は整備が行き届いていて、すべてのモデルコースには休憩所が整備されている。この点は他県と比べても評価ができる。

休憩所から木立の間の県道75号を歩いて、徐々に高低差

はさかけを行う農村の風景

１００ｍを上がり道標の立つ保《ほ》峠を越えると稲越《いなごえ》地区へ進んでいく。やがて茂った木立から視界が開いてきて、小さな峠でありながら、天候がいいと東の方角には北アルプスの槍ヶ岳や笠ヶ岳まで望める。

渓流魚が生息する稲越川に沿い、ところどころに点在するログハウスを見ながら山間を歩いていけば、都会と１８０度ちがった景色に感動を覚え、誰もがため息をもらすにちがいない。

めでたい花として正月用の花とされるフクジュソウの群落地がある。１９６７年に県の天然記念物に指定された。４月中旬には黄色く咲き誇る花が丘を覆う。

## 稲越川沿いの農村風景

稲越川沿いの農村で刈り取った稲を横木に干している地元のおばちゃんと、東京から手伝いに来ている若い女性の２人組を見つけた。これは「はさかけ」といって、立てた木や竹のあいだに数本の横木を渡し、収穫をした稲を天日干しするのだ。稲を乾燥させることで、お米のおいしさが引き立つ。

「今年で手伝うのは三年目になるんです。知人を通してここを紹介してもらって体験してから、毎年この時期は手伝いにくるんですよ」

と言った。どおりでなかなか手際がいいわけだ。すばらしい田舎体験をしている。

さらに下っていくと右手の奥には、かわいいスキー場がある。終点のほど近くにある稲越運動場広場では野球やテニスで盛り上がる声がひびいている。自然に囲まれたフィールドで気持ちがいいだろう。

### 案内板と道標

ルートの起点に立つ案内板と、点在する道標を参考に歩いていこう。

案内板

道標

4

飛騨市古川町

## 花菖蒲《はなしょうぶ》園の古川町森林公園

飛騨市古川町は城下町のたたずまいを残した趣のある町だ。江戸時代に飛騨を治めていた金森氏が築いた。今も白壁の土蔵が軒を連ね、清流の瀬戸川に鯉が泳ぐ。毎年4月19、20日の飛騨古川祭で見られる起し太鼓は、観客も熱くなるほど勇壮な祭りだ。

このコースは前半が自然に触れる道を歩き、後半の蛤《はまぐり》橋から先は古い町並みを歩いていく。

飛騨細江駅から連合橋を渡り、しばらく行くと古川町森

# 起し太鼓の里を訪ねるみち

### 鯉が泳ぐ城下町を歩いてみよう

●9.8km　みどころ——飛騨古川の町並み、瀬戸川の鯉、森林公園、ニツ塚古墳

難易度……★★★★



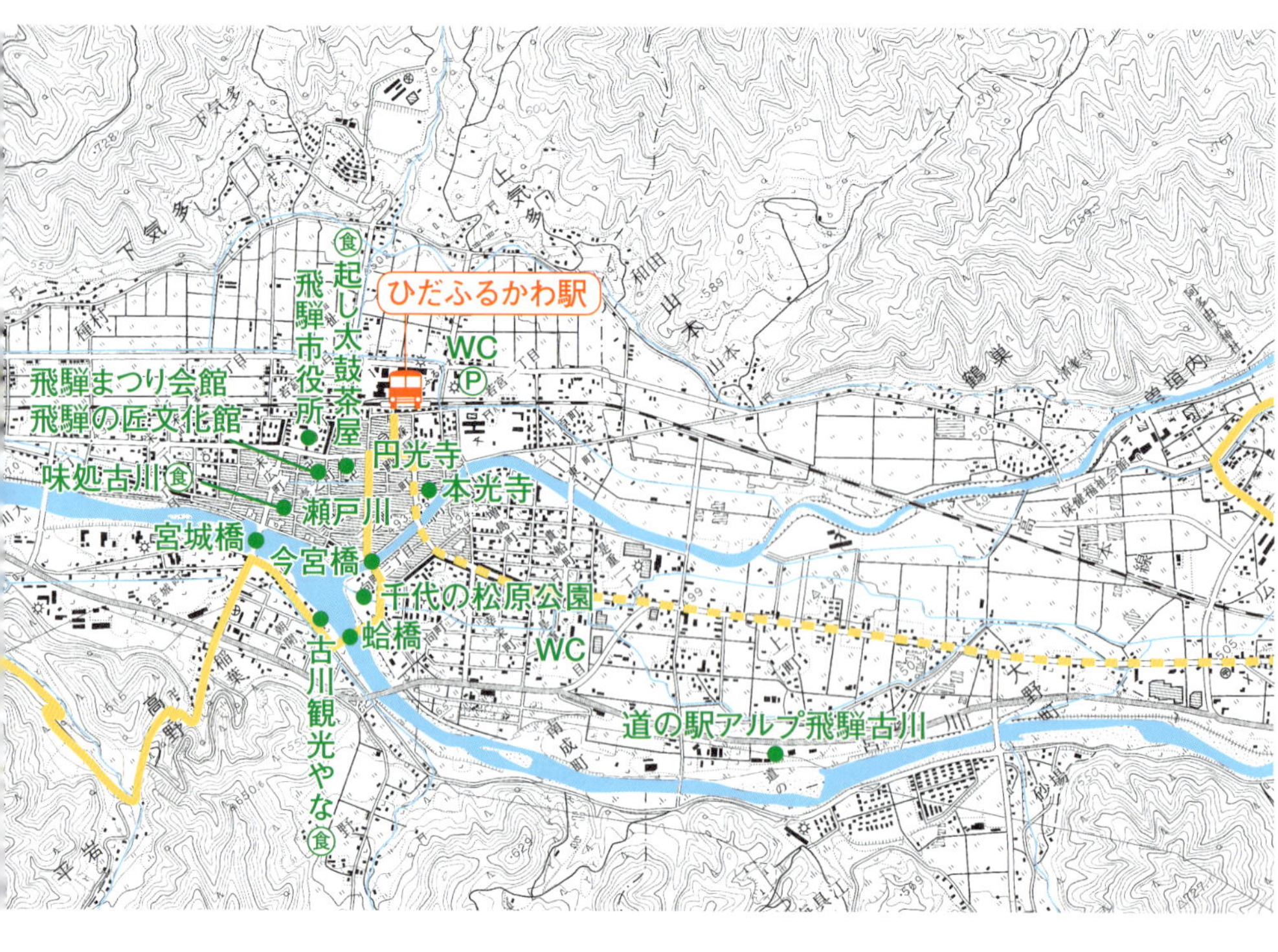

ふたつの古墳が並ぶ二ツ塚古墳

林公園に到着する。ここには黄緑色の小花が咲く花菖蒲園があり、そして野球場やテニスコートで気持ちのいい汗を流せる場所だ。また、森林の奥のキャンプ場には炊事場などが整備されていて、高木に囲まれているとあって静かな夜を過ごせる。

**■コースタイム（9.8km）**
飛騨細江駅（4.9km・1時間20分）二ツ塚古墳（1.5km・20分）円空観音（2.7km・45分）千代の松原公園（0.4km・5分）瀬戸川（0.3km・5分）飛騨古川駅

**■25,000分の1地形図：**「林」「飛騨古川」

**■交通アクセス**　往路：JR高山本線・飛騨細江駅　復路：JR高山本線・飛騨古川駅

**■問い合わせ先：**飛騨市古川振興事務所
産業振興課　0577-73-2111

**■温泉：**ぬく森の湯すぱ〜ぷる
0577-75-3111　黒内

**■宿泊：**古川町森林公園キャンプ場
0577-75-2847　信包
飛騨古川ユースホステル
0577-75-2979　信包

**■食事：**起し太鼓茶屋　0577-73-3511　壱之町
味処古川　0577-73-7100　壱之町
古川観光やな…期間中（8月盆〜10月中旬）
0577-73-3187／期間外0577-73-2111　高野



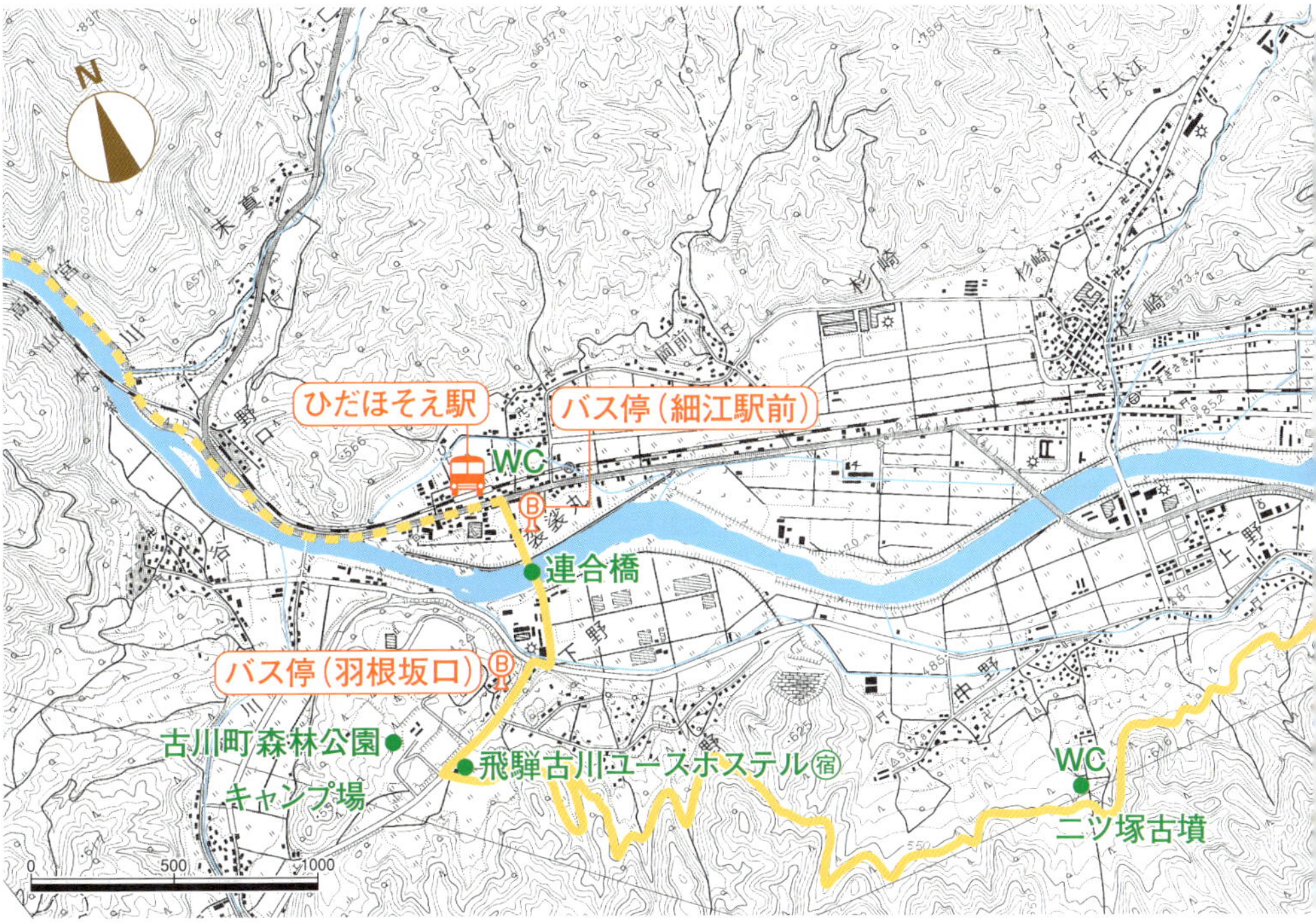

白壁土蔵と鯉が泳ぐ瀬戸川

## 東屋が隣接された二ツ塚古墳

田園地帯を抜け、道は全長６kmの飛騨古川サイクリングロードの樹林帯へと入っていく。しばらく上りがつづく。心臓破りの坂と称されているが、確実に足を運びゆっくりと上れば問題はない。

起点から約５kmを歩いて二ツ塚古墳公園に到着する。７世紀頃に築かれたと思われる２つの古墳が並んでいる。ここには東屋とトイレがあり、杉の高木に囲まれて涼しい。お昼のお弁当を広げるには最適な場所だ。

円空が作成したといわれる円空観音を過ぎ、山林を抜けて鮎の宝庫といわれる宮川にでる。古川盆地の北端から流れでて、江戸時代より当時のままで飛騨古川やなが掛けられている。荒城川が合流するところに設け、取れたての鮎を刺身や塩焼きやフライにして味わう。夏から秋にかけての古川の風物詩だ。

蛤橋をわたり、千代の松原公園に着く。宮川を眺めながら、ゆったりと時間の流れを感じるのもいい。

## 心和む白壁土蔵街

荒城川に掛かる今宮橋を渡り古川町の古い町並みへと歩いていく。

路地を進んでいくと江戸時代から２００年以上つづき７代にわたる老舗の三嶋和ろうそく店がある。外観からして日本の古きよき家屋の趣が伝わってくる。老若男女を問わず観光客が多い。ここは２００２年のＮＨＫ朝の連続テレビ小説「さくら」の舞台になった。

老舗の三嶋和ろうそく店

店内には作業台のまわりにろうそくを削った蝋《ろう》が散在している。今も和紙と真綿の芯に何度も蝋を塗り重ねる手法

宮川と荒城川に掛けられた飛騨古川やな



を守っている。触ってみるととても粘着性があるのがわかる。店内には著名人のサインが所せましと飾られている。なかにはカメラマンの土門拳や竹村健一などもある。

瀬戸川を左手に曲がり、４月に行われる飛騨古川祭りを紹介する飛騨古川まつり会館に着く。色彩ゆたかな屋台の巡行と起し太鼓とよばれる大太鼓を打ちながら裸の男たちがぶつかりあう祭りだ。館内では大型スクリーンのハイビジョン３Ｄで迫力を感じることができる。

飛騨古川まつり会館の手前にある飛騨の匠文化会館では、古くから都の寺院建築に功績を残した匠の歴史や大工道具などを学べる。建物は現代の古川の大工職人が１本の梁《はり》も使わずに建てた。

清流・瀬戸川の脇の白壁土蔵通りには白い土蔵が立ち並んでいる。木造建築には明治や大正時代の面影が残り、飛騨の匠の流れをくむ。

そして瀬戸川には約１０００匹の鯉が気持ちよく泳いでいる。夜には小型のあんどんに灯がともり、水面におぼろげに映る。この町は訪れる人たちを和ます風景に満ちている。

起し太鼓をたたく子どもたち
（撮影：庄川良太郎）

5

高山市国府町

# 飛騨ブリ街道と飛騨桃のみち

## 富山から飛騨へブリを運んだ道のりを歩いてみよう

●8.3km　みどころ――飛騨桃の産地、阿多由太神社、安国寺の経堂

難易度……★★★★

### 飛騨国府《こくふ》の地

飛騨には通称、ブリ街道と呼ばれる道が延びている。越中こと富山から飛騨へめでたい正月用の魚のブリを運んだ。旧越中街道とされ国府町にも延びていた。

国府町は古川盆地の南部に位置し、名前は7世紀から10世紀の律令時代に飛騨国府があり、飛騨国の中心地であったことに由来する。国府とは一国ごとに置かれた国司の役所のことをいう。飛騨国府駅から西へ6km先には宇津江四十八滝がある。標高900mほどにあり、いくつもの滝が



阿多由太神社

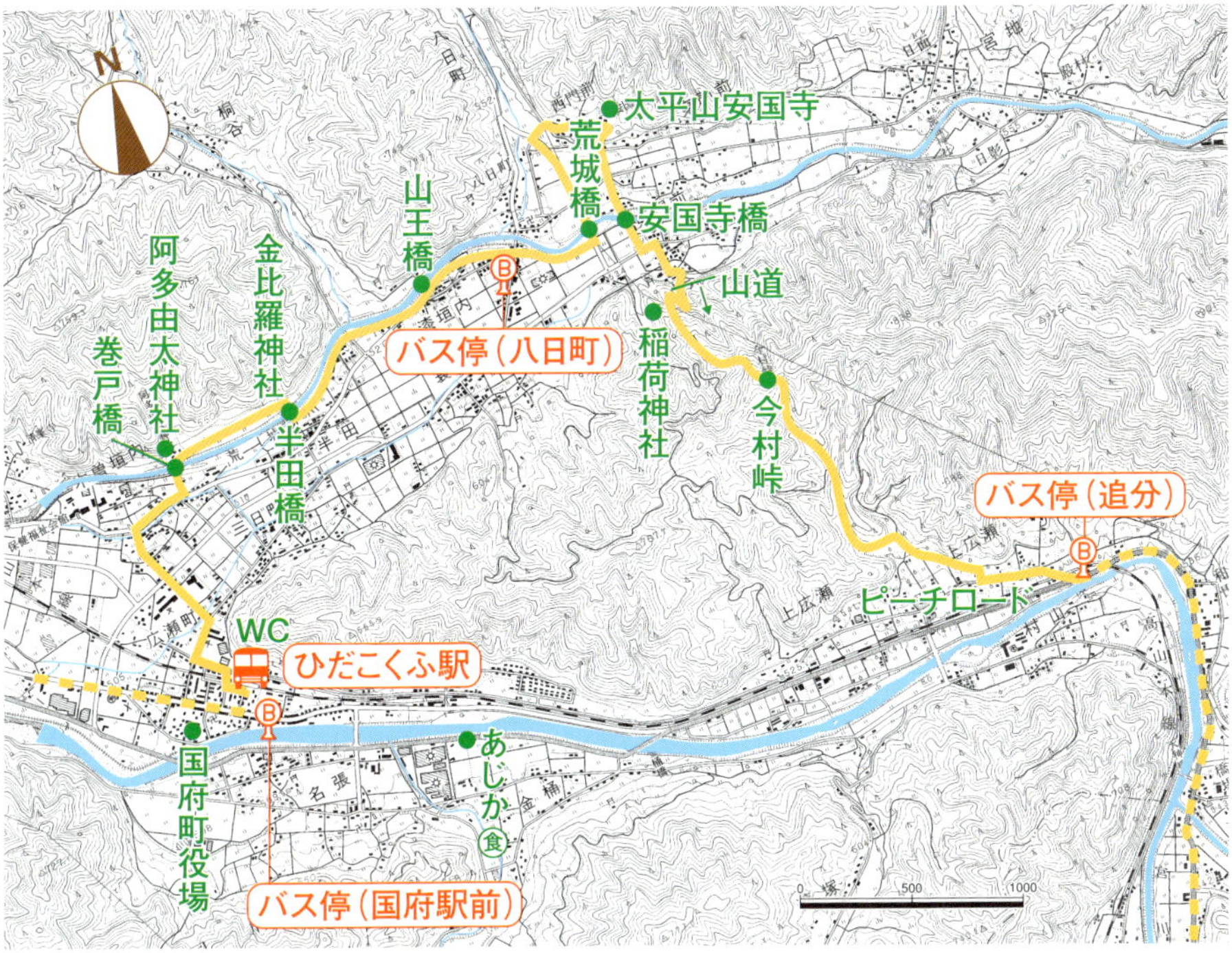




**■コースタイム（8.3km）**

飛騨国府駅（1.3km・20分）阿多由太神社（3km・45分）太平山安国寺（2km・40分）今村峠（2km・40分）追分バス停

**■25,000分の1地形図：**「飛騨古川」「町方」

**■交通アクセス：**

往路：JR高山本線・飛騨国府駅

復路：追分バス停

**■問い合わせ先：**

高山市国府支所

産業振興課　0577-72-3111

**■食事：**

特選館あじか　0577-72-0150　金桶

**■温泉：**

四十八滝温泉しぶきの湯遊湯館

0577-72-5526　宇津江

重なり合いながらしぶきを上げる。

国府町は飛騨和牛の産地である。夏は涼しく、冬は豪雪地帯できびしいため肉のきめが細かい最良の脂肪となるそうだ。

自然歩道は飛騨国府駅から北に向かって歩く。一帯は田園にかこまれて、農作業をしているおじいさん、おばあさんに多く出会う。

## 日本最古の輪蔵を納めた経堂

荒城川にかかる赤い欄干《らんかん》の巻戸橋を渡ると、うっそうとした森のなかに阿多由太《あたゆた》神社の鳥居が見える。階段を上っていくと境内があり、この地方の守り神として祭られている。本殿は室町時代の初期に造営され、国の重要指定文化財だ。また加藤清正ゆかりの

阿多由太神社に通じる巻戸橋

高台に立つ、太平山安国寺

甲冑など多くの文化財が保存されている。

引き続き、阿多由太神社から東の方角へ荒城川を上流に向かって歩いていく。北と南の方角は飛騨の山々にはさまれている。

荒城橋から北へ進路をとり、高台にあるこぢんまりとした立派な山門が建つ太平山安国寺に到着する。この寺は室町時代の１３４７（天平２）年に足利尊氏と直義兄弟が後醍醐天皇の冥福を祈るために建立した。尊いお経を収めた経堂は１４０８（応永15）年の建立時の姿をとどめている。

さらに内部には八角形の日本最古の回転式の輪蔵がある。

安国寺からふたたび荒城橋へともどり安国寺橋を渡って今村峠へと向かう。

## 飛騨ブリ街道をゆく

峠の登り口には道標が立っている（＊）。上っていくと東屋が整備されている。これからの登りに備えてひと休みできる。

この道はかつて越中街道とよばれて昭和初期まで利用されていた。今は国道41号の整備により利用されなくなったが、昔は船津（飛騨市神岡町）を結ぶ最短の交通道だった。

余談だが、神岡町は２００２年にノーベル物理学賞を受賞した小柴昌俊教授が、超新星からのニュートリノを観測することに成功した「スーパ

日本最古の回転式輪蔵が納められた経堂

ーカミオカンデ」があることでも知られている。

富山湾から上がった越中ブリがこの道を通って高山へ運ばれ、高山から飛騨ブリと名を変えて信州まで運ばれていた。ブリは成長ごとに名前のかわる出世魚で縁起物とされた。飛騨では今でも正月にブリを食べる風習が残っている。

また、江戸までのびるため「江戸街道」、女工哀史で有名な野麦峠を通るため「野麦街道」と呼ぶこともある。

ちなみに、滋賀にはサバ街道がある。越前の若狭の小浜から大消費地である京都へサバ売りたちが十八里（約70km）を歩いた。

さて、ブリ街道の今村峠は高低差２００ｍを登る。細かくつづら折れの道だが整備が行き届き、道幅もあるので登りやすい。標高７３０ｍの峠には地蔵堂が建っている。頂から見る景色は山、山、山の連なりだ。

上りに対して、下りはなだらかな傾斜だ。しかし、足のけがは上りより下りで起きる。着地時に足首をひねったり、疲労による注意力散漫でひざを痛めてしまったりするケースは多い。ゆるやかでも充分に注意をしよう。

ふもとの里山の上広瀬集落に下山すると飛騨りんごと飛騨ももの果樹園が一帯にひろがっている。ピーチロードと呼ばれ、春には一面に桃の花が咲き誇る。飛騨は内陸のため寒暖の差がはげしく、実がひきしまり甘味のある果実ができる。国道41号の追分バス停が終着地だ。

（＊）現在、登り口には周辺の土砂災害により、２００５年に砂防ダムが建設され、通行止めになっている。（２００６年9月現在）

街道の山道を登り今村峠をめざす

6 高山市

# 飛騨高山の町並みと天領のみち

## 高山にのびる旧江戸街道を歩いてみよう

●10.0km　みどころ――美女峠、東山寺町、高山の古い町並み、高山陣屋

難易度……★★★★★

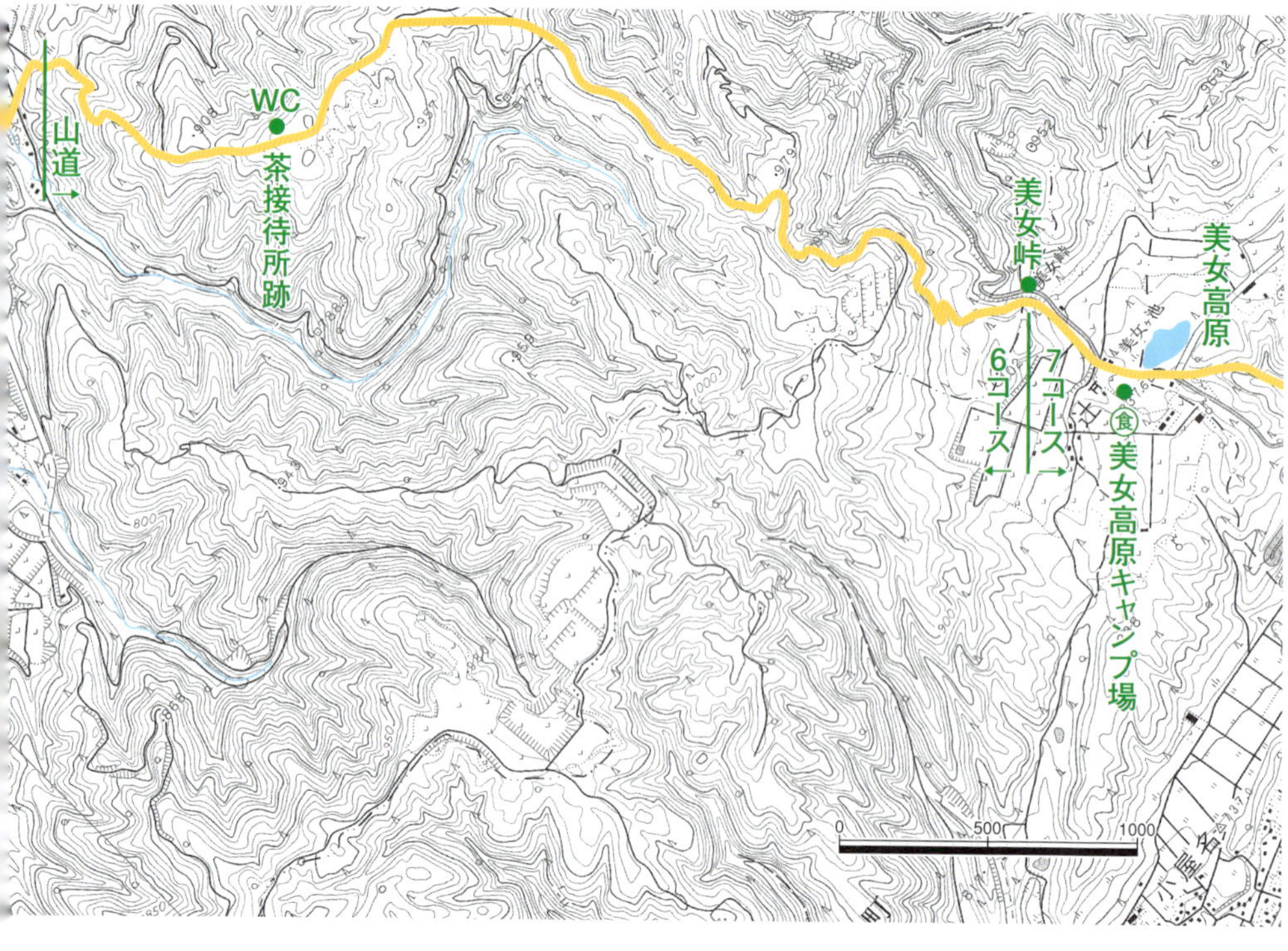


### 高山と高山陣屋

高山は岐阜県を代表する観光のメッカとして、また世界遺産に登録された白川郷への交通基地として賑わいを見せている。JR高山駅を古い町並みに向かって歩いていく。途中には、国分寺などの神社仏閣が建っている。

高山陣屋から旧江戸街道を歩いていく。信州、さらには江戸へと通じ、ここは『あゝ野麦峠』（山本茂美著）で有名な女工哀史の道でもある。

高山陣屋は全国で唯一残る江戸時代の役所であり、飛騨高山は幕府が直轄する天領で

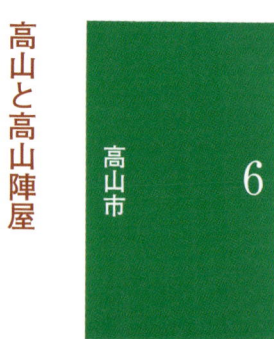

江戸時代の役所の高山陣屋

あった。もともと高山城主の金森長近の下屋敷であったが、天領となった以後は代官や郡代が派遣されて明治まで25代にわたって１７７年間の統治が続いた。明治以後は、地方の役所として使われていた。

## 古い町並をそぞろ歩き

陣屋の前に流れる宮川にかかる赤い中橋を渡ると、宮川朝市の露店が色とりどりに見

**■コースタイム（10.0km）**
高山陣屋（0.1km・1分）赤い中橋（0.1km・3分）古い町並み（0.5km・10分）東山寺町（2.6km・40分）上江名子バス停（0.5km・7分）厚生病院前バス停（1km・15分）了心寺前バス停（1.8km・30分）茶接待所跡（3.4km・60分）美女峠

**■25,000分の1地形図：**「高山」

**■交通アクセス**　往路：ＪＲ高山本線・高山駅　復路：－

**■問い合わせ先：**高山市林務課　0577-32-3333

**■食事：**
まさごそば　32-2327　有楽町
陣屋だんご店　0577-34-0924　桐生町
美女高原キャンプ場　0577-55-3820　朝日町見座

**■温泉：**センチュリーひまわり
0577-53-3011　一之宮町

**■宿泊：**ユースホステル天照寺
0577-32-6345　天照寺町
センチュリーひまわり
0577-53-3011　一之宮町
美女高原キャンプ場　0577-55-3820　朝日町見座

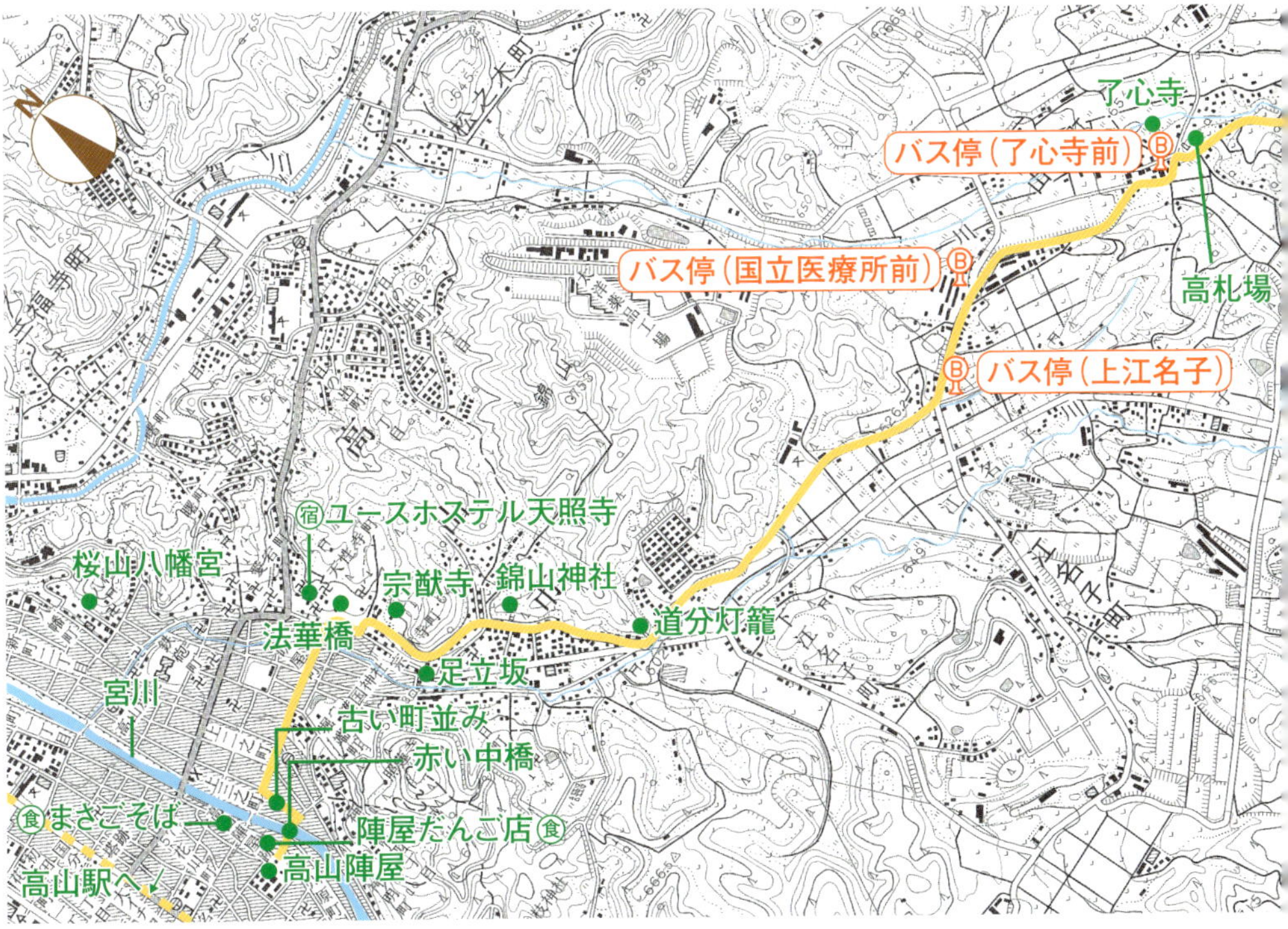

古い町並み

えてくる。
城下町の中心地で、商人町や豪商の白壁の屋敷がつづく古い町並みを歩く。国の重要な伝統的建造物群保存地区に指定されていて、ろうそく屋や味噌屋、酒造店など昔の雰囲気さながらのお店が並ぶ。
東の山側に向かって歩いていくと、東山寺町に着く。法華寺、宗猷寺《そうゆうじ》といった由緒ある寺院が並ぶ。京都をこよなく愛した高山城主の金森長近は、宮川を鴨川にたとえ、東山を模して寺社を建立した。それが、高山が小京都と言われるゆえんだ。寺の前や脇にのびる小道にも趣がある。

## 旧江戸街道の山道

旧江戸街道の追分灯籠を左に折れ、約３kmを歩いて、山口町の了心寺に着く。かつて寺の付近は宿場町で、当時の掲示板の役目を果たす高札場があり「江戸まで四三次八五里」（約３４０km）と書かれている。高札《こうさつ》場からが山道の入り口だ。橋場橋を渡って右へ折れ山口川沿いの細道を行く。背面の山肌にはビニールハウスが並んでいる。

茶接待所跡まで１・８kmは急な上り坂になる。標高差２５０ｍを上っていくには頑張りが必要だ。社が建つ「雨乞平」で休憩を取りながら、カラマツやクヌギの落葉樹の道をゆこう。

上りはじめて約１時間で茶接待所跡に到着する。右手には小屋が建ち、礎石が残り、左手には休憩所が整備されている。

その後、広い道幅の平坦な林道を美女峠に向かって歩いていく。右手には、緑の牧草地帯が広々と展開する。もち売場跡を過ぎ、ほどなく比丘《びく》尼《に》屋敷がある。

やがて突き当たりのT字路を右に進路をとる。景色が開け、前方には乗鞍岳が雄大に見える。右手には山、左手には谷を見下ろし、自然を満喫しながら歩こう。杉木立の中を抜けて、美女峠に着く。旧道の下に国道３６１号が延び、その先には美女高原がある。

山道には牧草地が広がる

7
高山市朝日町

# 美女峠の里めぐりのみち

## 古《いにしえ》の美女の伝説をたどる散策に出掛けよう

●7.1km　みどころ——美女高原、美女ヶ池、乗鞍岳（展望）、龍厳山

難易度……★★

### 美女高原をハイキング

高山市山口町と朝日村との町境に標高８７０ｍの美女峠がある。山道を下るとすぐに舗装路に合流する。美女高原が広がり、その真ん中に位置する美女ヶ池には釣り人が水辺に釣り糸を垂れ、奥ではスワンボートを漕ぐ親子の楽しそうな声が響く。

標高８３０ｍの池のまわりには遊歩道がのびていて、木道を歩いて自然を感じることができる。緑のなかにシラカバの幹が白くかがやく。シラカバは本州中部では標高１０００ｍ付近に多く、樹皮は紙

美女高原の美女ヶ池

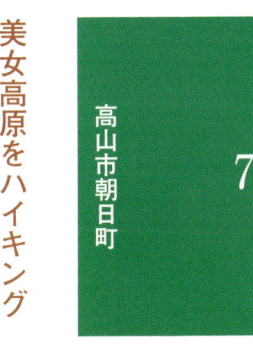

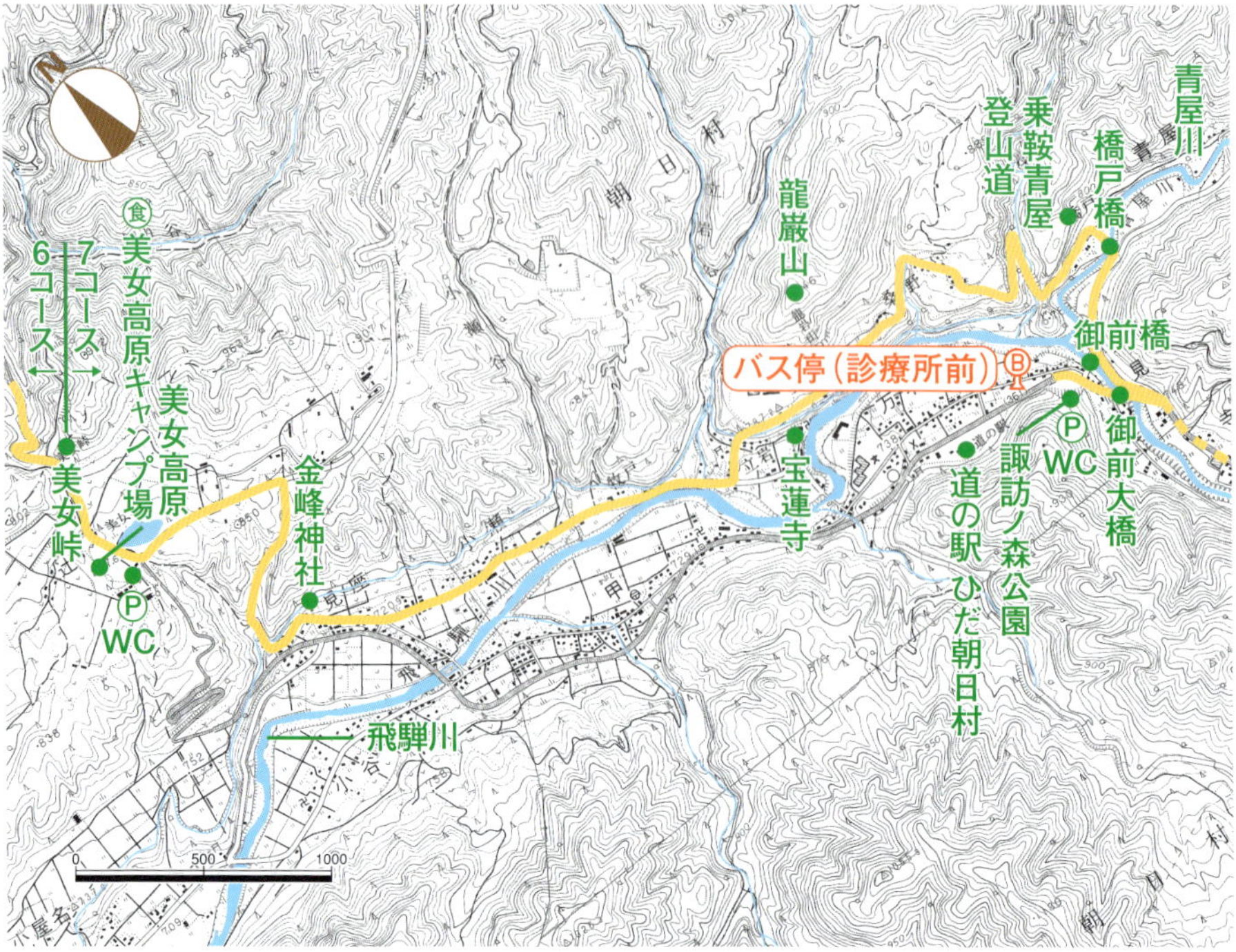




■コースタイム（7.1km）
美女峠（0.5km・5分）美女高原（4.0km・60分）龍巌山（1.8km・30分）橋戸橋（0.8km・15分）諏訪ノ森公園

■25,000分の1地形図：「高山」「久々野」

■交通アクセス：往路：－
復路：診療所バス停

■問い合わせ先：高山市朝日支所 産業振興課
0577-55-3311

■食事：美女高原キャンプ場
0577-55-3820　朝日町見座

■温泉：センチュリーひまわり
0577-53-3011　一之宮町

■宿泊： センチュリーひまわり
0577-53-3011　一之宮町
美女高原キャンプ場　0577-55-3820　一之宮町

美女ヶ池の遊歩道

状に薄くはがれる。4月下旬には湿地帯にミズバショウ、初夏には新緑の木々が生い茂り、秋には紅葉に彩られた景色を楽しむことができる。

## 美女伝説とうば坂

美女ヶ池には美女が大蛇に化けたという伝説が残る。美女のイメージとはかけ離れた、なんだか重々しい伝説だ。

美女ヶ池からうば坂と呼ばれる山道を600mほど下る。高木のマツやツガなどが生える原生林のなかをゆく。沢の音が聞こえてくる。

ふもとの見座の集落へ下ると解説板があり、ここにも美女に関わる伝説が残る。それは、昔、美女ヶ池の主がどこでもうけたか玉のような美しい子を連れていた。その子の乳母に見座村の某女が頼まれていたので、うば坂と言うそうだ。

美女伝説が残るうば坂

国道３６１号に合流し、ふたたび離れ、飛騨川と並行をするように東に進路を取る。田畑のあいだにまっすぐ延びた道をゆくことになる。

## 紅葉が美しい龍巌山

左手前方に山肌から飛び出る岩がそびえる龍《りゅう》巌《がん》山《ざん》が見える。龍が伏せているように見えることからその名がついた。秋には紅葉と老松が美しいそうだ。頂上付近の展望所からの景色は素晴らしく、地元の人々に親しまれている。

この山には美女の真相を明らかにする伝説がある。その昔、岩山に絶世の美女が住んでいた。若者たちの噂はいつもその麗《うるわ》しき美女のことだった。ある年の祭りの晩に若者たちが美女の後をつけて龍巌山に入ったところ、美女の姿は消えてなくなってしまった。若者たちは不思議がってあたりを見まわした。すると、頭上の岩の上にとぐろを巻いた大蛇が舌なめずりをしていた。その後、美女の姿を見た者はなく、龍巌山の主は大蛇であると伝えられている。この岩山の外観を見れば納得できてしまう。

さて、ここには１８９９（明治32）年に、青屋生まれの上牧太郎之助が自力で開いた乗鞍岳登山道の入り口がある。碑と仏像が立っている。約40年もかけて、標高７５０ｍから五里（約20km）もの登山道に、道標を兼ねて百八十余体の仏像を安置したそうだ。それに比べ、現代のわれわれは乗鞍スカイラインで標高２７００ｍまで一気に車で上がることができる。頭が下がる思いだ。

青屋川に架かる橋戸橋を渡り、飛騨川に架かる御前大橋を渡る。国道３６１号を道の駅ひだ朝日村方面に歩き、終着の諏訪ノ森公園に到着する。

諏訪ノ森公園

8

高山市朝日町・高根町

## 鳥屋峠から乗鞍岳を眺望

起点の朝日町の西洞鈴蘭高原口バス停前には新井商店があり、中部北陸自然歩道の案内板があるのでルートの概要を把握しておこう。

〝木曽のおんたけさん〟の御嶽山を源流とする清流の秋神川に沿って歩いていく。この川は渓流に住むアマゴやイワナ釣りで有名だ。山深い谷間に川の音が静かにひびき、心に安らぎを与える。

５００ｍほど歩くと、あらさは不動堂がある。向かいの橋で秋神川を渡り、下門谷を

# 乗鞍岳展望と鳥屋峠越えのみち

## 乗鞍岳を眺めながら温泉宿を目指して歩いてみよう

●15.1km　みどころ――鳥屋峠、乗鞍岳（展望）、向橋、津島神社

難易度……★★★★★



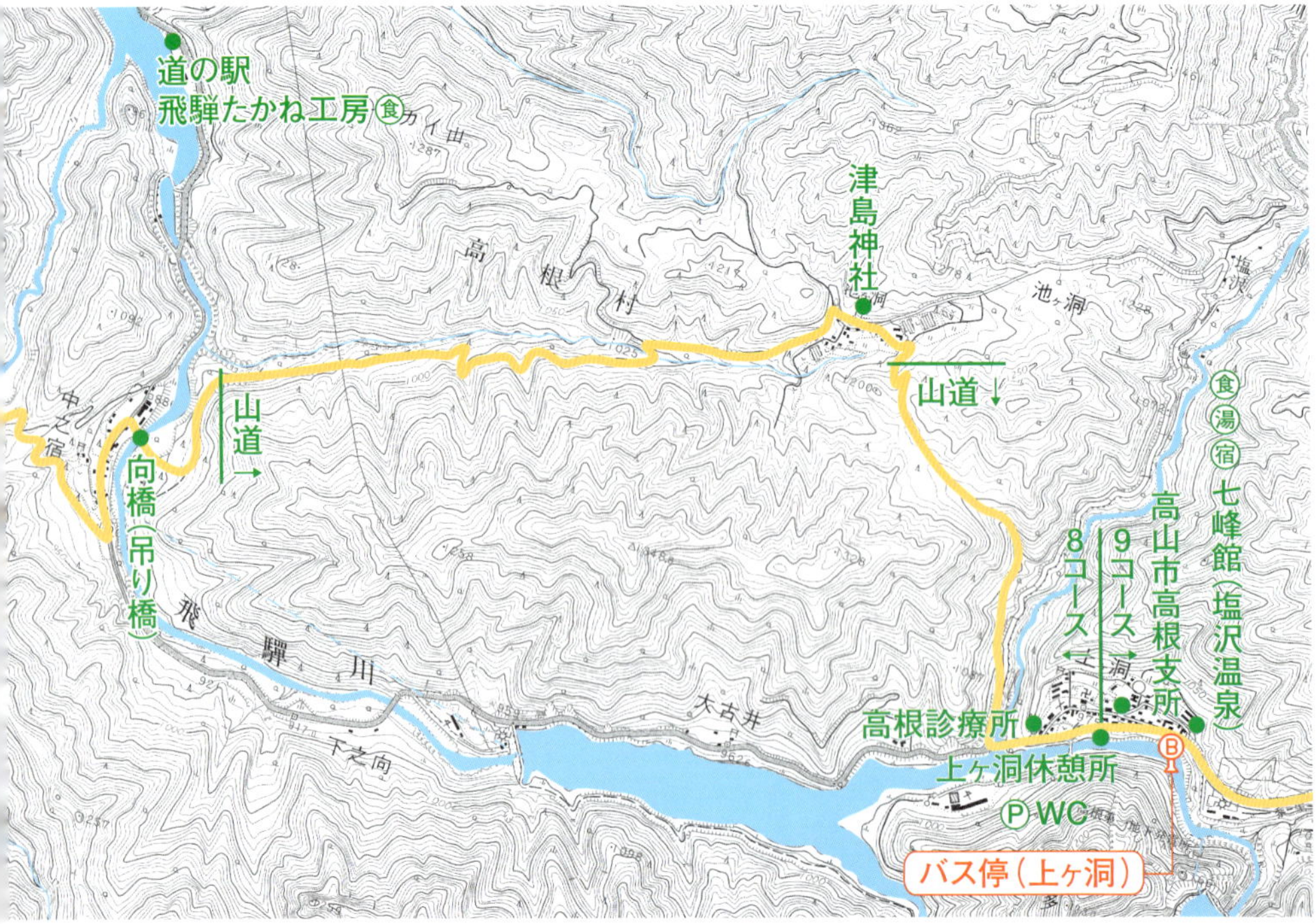

あらさは不動堂

上がっていく。

雑木林のなかのアスファルト舗装された林道を峠まで3km以上、上っていく。脇には小川が流れ、秋の紅葉の時期には黄、赤、だいだいと目を楽しませてくれる。

あたりが開けて鳥屋《とや》峠に着く。この峠にはかつて猟師が鳥を捕るために建てた小屋があり、名前の由来となっている。頂上や下山時には堂々と

**■コースタイム（15.1m）**

西洞鈴蘭高原口バス停（0.5km・7分）あらさは不動堂（3.4km・60分）鳥屋峠（3.1km・40分）猪之鼻公民館（2.1km・30分）向橋（3.4km・1時間15分）津島神社（2.6km・60分）上ヶ洞休憩所

**■25,000分の1地形図：**「朝日貯水池」

**■交通アクセス：**

往路：西洞鈴蘭高原口バス停

復路：上ヶ洞バス停

**■問い合わせ先：**

高山市朝日支所 産業振興課　0577-55-3311

高山市高根支所 産業振興課　0577-59-2211

**■食事：**

塩沢温泉七峰館　0577-59-2326　上ヶ洞

道の駅飛騨たかね工房　0577-59-6020　中洞

**■温泉：**

塩沢温泉七峰館　0577-59-2326　上ヶ洞

**■宿泊：**

塩沢温泉七峰館　0577-59-2326　上ヶ洞

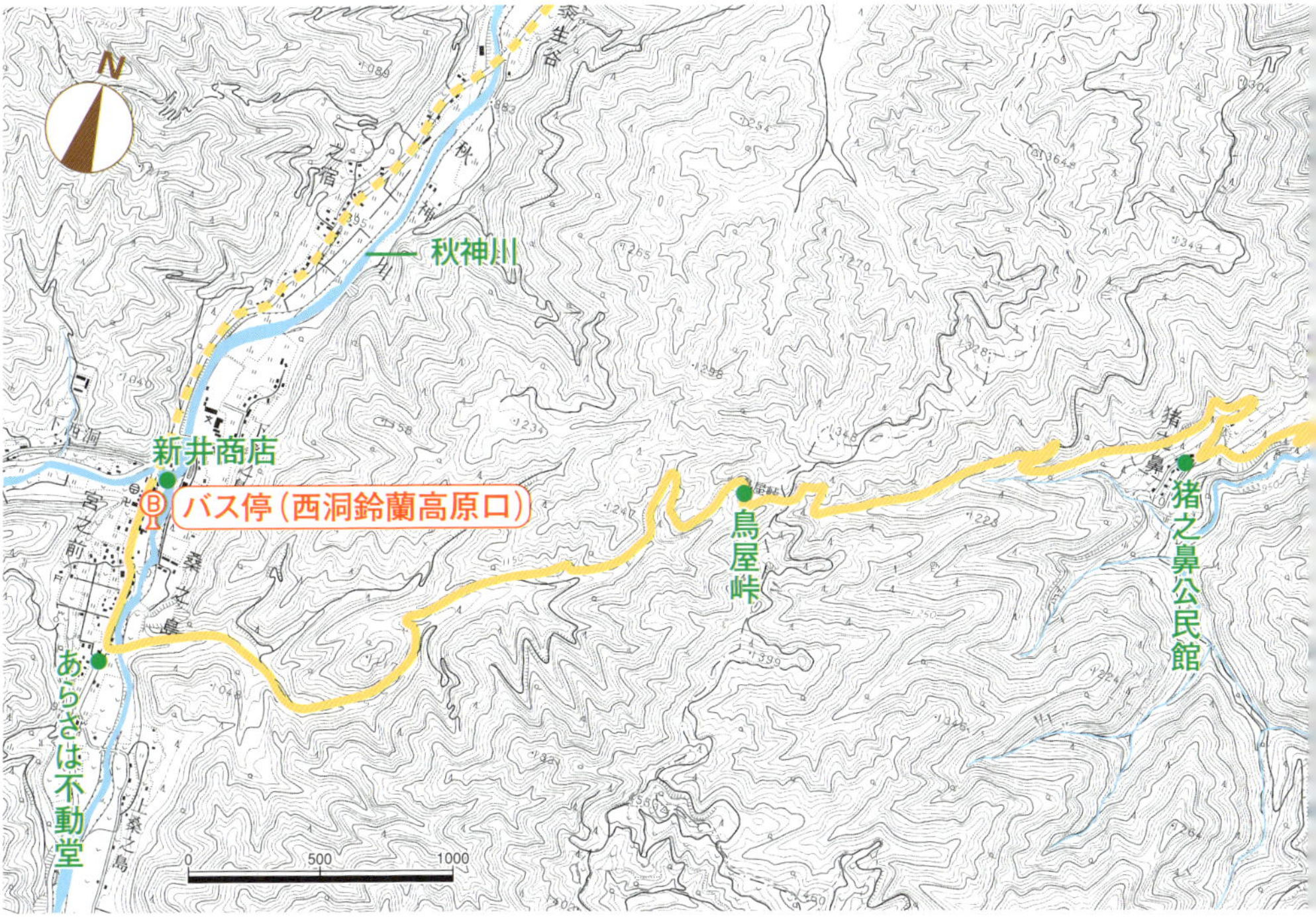

飛騨川にかかる吊り橋の向橋

鳥屋峠

そびえる乗鞍岳が見える。右手には猪之鼻牧場がある。

峠より先は高根町になり、急な傾斜を下っていく。右手には形のいい三角すいの山が連なる。道は舗装路ではあるが、まったくもって山の中で人の気配は少ない。終点の高根村の上ヶ洞バス停まで歩ききれる自信がない方は無理をしないほうがいい。

10軒ほどの民家が集まる猪之鼻集落へ至る。入り口に公民館があり、三差路を左に曲がり林道をさらに下る。

## 飛騨川上流を吊り橋で渡る

鳥屋峠から標高４００ｍを下って、小さい上り下りをくり返し、飛騨川の支流を越えて国道３６１号に合流する。左へ進路をとると中宿集落だ。工場の間にのびる細道を入り、飛騨川に掛かる赤い鉄橋の吊り橋の向橋《むかいばし》に着く。歩くと微妙に揺れるスリルが楽しい。橋の上からでも飛騨川の澄んだ水面に魚が気持ちよさそうに泳いでいる姿を見ることができる。

スギ林のなかを抜けて、砂利道の林道を３００ｍほど歩くと山道になる。そのまま標高差２００ｍほど上がると、池ヶ洞集落に到着する。

ちなみに中宿集落の先のト

ンネルを抜けると、道の駅たかねがある。高根村特産のとうがらしを使ったおみやげの販売やレストランがある。

## 津島神社からのけわしい山道を下る

　池ヶ洞集落のなかに津島神社がある。石段を30段ほど上ると、高木のケヤキにかこまれて、こぢんまりとしたお堂が慎ましやかに建つ。神社から集落を抜け、途中、山村からは西の山並みの遠景を眺めることができる。

　やがてスギ林の間の山道に入ると、徐々に道は細くなり一人がようやく歩ける幅になる。谷間の傾斜は地盤がゆるく急だ。各所で崩れている箇所があるので注意しよう。路上の石にはコケが付いていて滑りやすい。谷間では小川を渡ることもある。分岐では道標を確認して歩いていくこと。

　やがて、合流する車道を下り、突き当たりの国道３６１号を左折する。高根診療所を過ぎ、飛騨川に面し、町の中心にある上ヶ洞休憩所に到着する。

　集落には塩沢温泉の宿泊施設である七峰館がある。町内唯一の温泉で、茶褐色の炭酸泉はアトピーやストレスに効果がある。入泉だけでも可能だ。山道を歩き通した体には、格別に気持ちがいい。入り口には多効能の飲用の温泉があるが、ぬるくて気の抜けたサイダーのような味である。

高木のケヤキにかこまれた津島神社

集落からの視界が広がる

9

高山市高根町

## 山奥の温泉宿 七峰館

上ヶ洞休憩所を出発して塩沢温泉の七峰《しちほう》館を過ぎる。七峰館は山奥のなかの温泉宿だ。大浴場の窓越しに名前の由来となった7つの峰の髭《ひげ》多《た》山を眺めることができる。濃い霧のなかに立ちこめる姿は中国の山水画をイメージさせる。

国道361号を左折して、旧道の林道を川沿いに歩く。下牧橋を渡り、小長谷の山肌に沿ってうねりながら上っていく。下牧橋から約4kmで橋場橋に着く。山間の谷間で休憩地も特になく、距離以上に長く感じるコースだ。

# 旧野麦街道糸引きのみち

## 野麦峠を目指し女工哀史を偲ぶ歩き旅に出よう

●19.0km　みどころ――野麦峠、お助け小屋、乗鞍岳（展望）、塩沢温泉

難易度……★★★★★



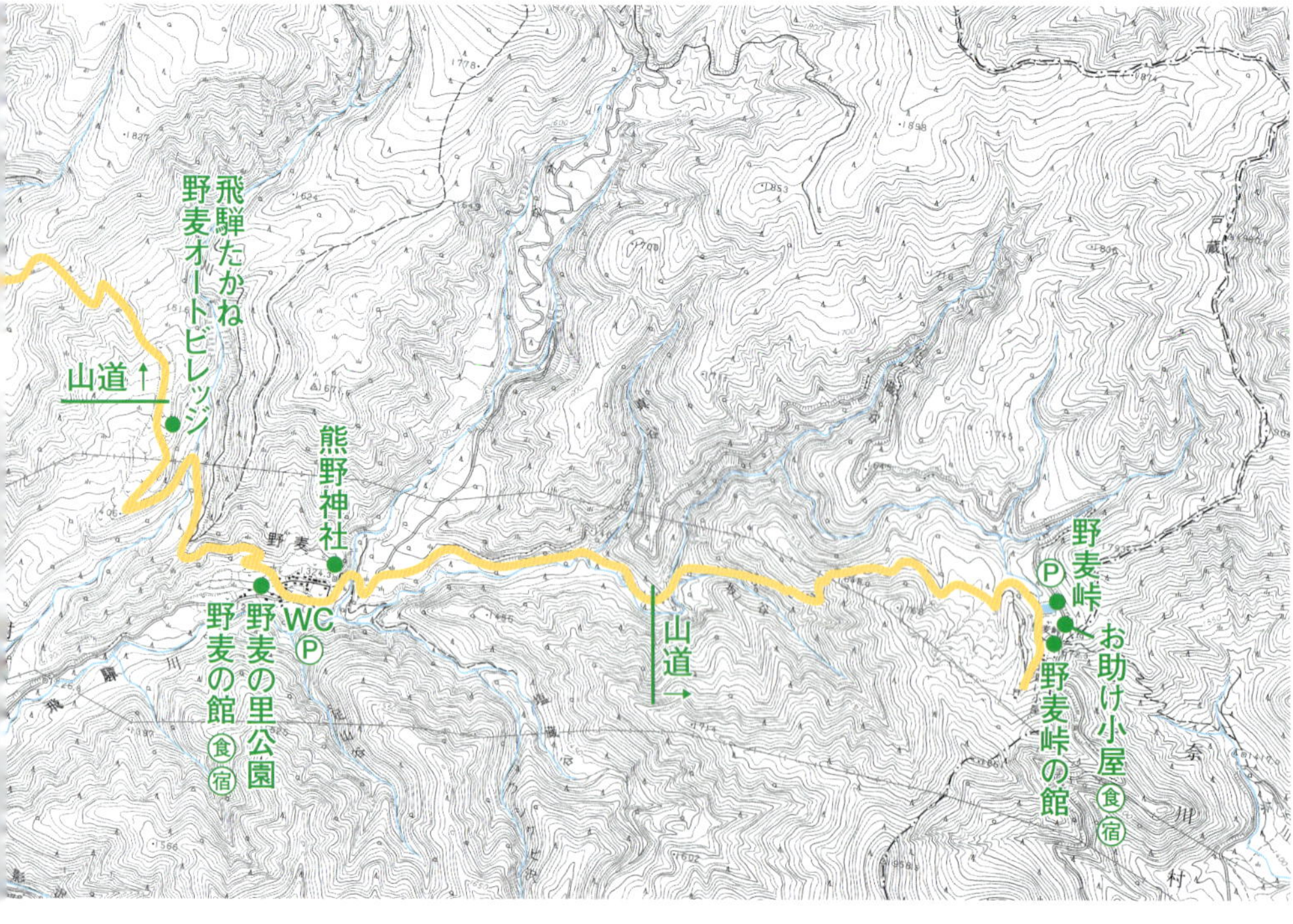

七峰館の飲泉

橋場橋から阿多野郷《あたのごう》川を越え、舗装された村道を上っていく。あたりは落葉樹にかこまれていて心が安らぐ。樹林帯のなかを進んでいくと、途中に六段に連なるダナの滝がある。この源泉は乗鞍岳から流れだす益田川の支流にあり水量は多い。階段を下りるように、勢いよく滝つぼに注ぎこむ様子は荒々しささえ感じられる。

**■コースタイム（19.0km）**

上ヶ洞休憩所（1.7km・30分）下牧橋（4.1km・1時間10分）橋場橋（1.6km・30分）ダナの滝（1.1km・15分）アイミックス自然村（3.3km・60分）野麦オートビレッジ（2.2km・30分）野麦の里公園（5km・2時間30分）野麦峠

**■25,000分の1地形図：**「朝日貯水池」「野麦」

**■交通アクセス：**

往路：上ヶ洞バス停

復路：－

**■問い合わせ先：**

高山市高根支所　産業振興課　0577-59-2211

**■食事：**

野麦峠お助け小屋　0577-59-2409　野麦

塩沢温泉七峰館　0577-59-2326　上ヶ洞

野麦の館　0577-59-2611　野麦

**■温泉：**塩沢温泉七峰館　0577-59-2326　上ヶ洞

**■宿泊：**

塩沢温泉七峰館　0577-59-2326　上ヶ洞

野麦峠お助け小屋　0577-59-2409　上ヶ洞

野麦の館　0577-59-2611　野麦





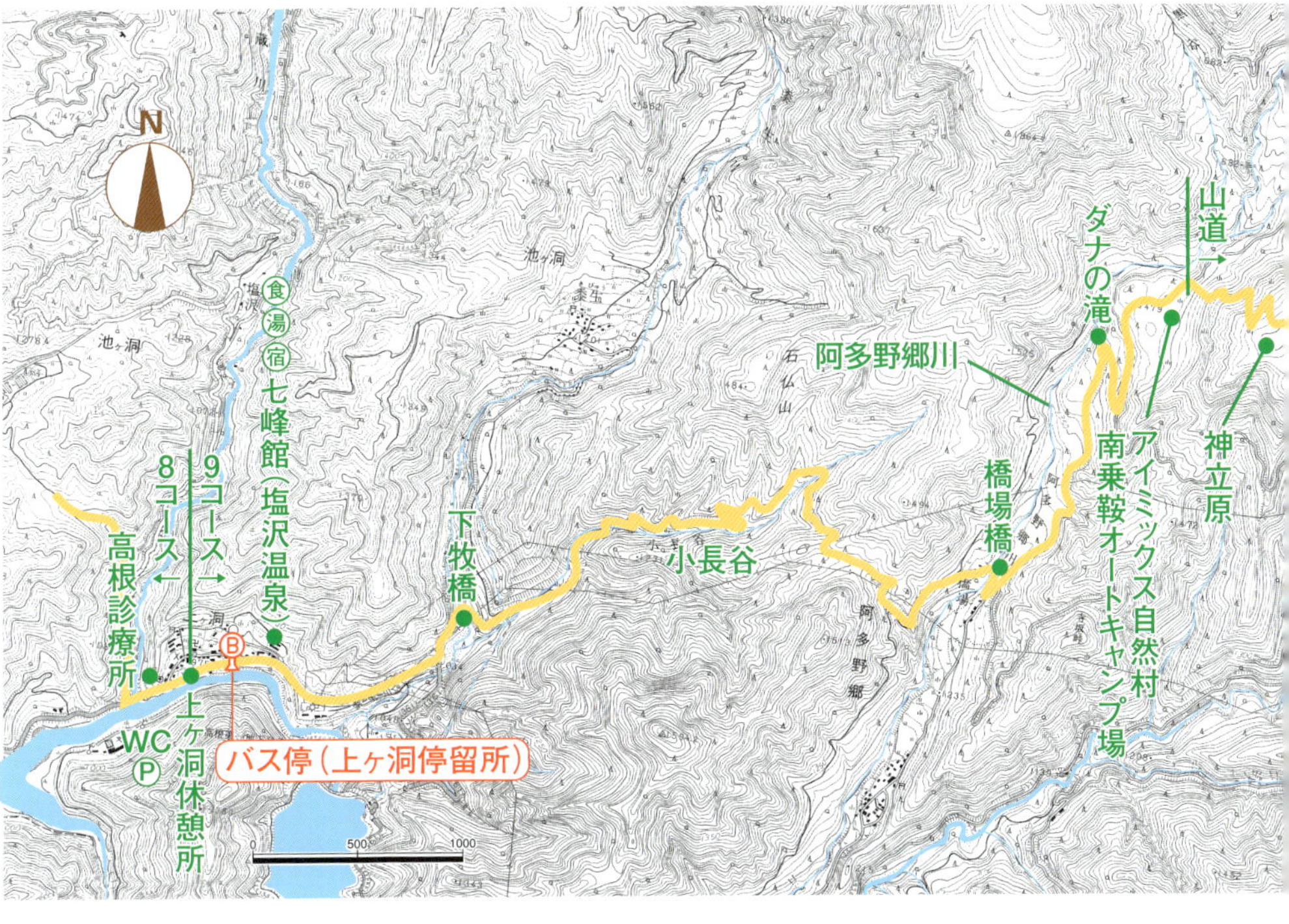

野麦峠からの乗鞍岳展望

## 絶好のキャンプ地と名物そばもち

　ダナの滝から約１㎞を上るとアイミックス自然村南乗鞍オートキャンプ場に着く。標高１４７９ｍあり、空気はひんやりと涼しい。白い樹皮がまぶしいシラカバや落葉樹のブナ林に囲まれていて、思いきり自然を堪能できる。キャンピングトレーラーでの宿泊もできるのでオートキャンプの醍醐味も味わうことができる。

　キャンプ場からは急な山道の坂を標高差約２５０ｍを登って神立原を目指す。直立した幹で樹皮が暗褐色のカラマツやシラカバの木々に囲まれ、ゆるやかな台地を自然歩道はのびる。紅葉の時期には木々が色づく。

　下って、飛騨たかね野麦オートビレッジに着く。整備されたキャンプ場がつづく。こちらはより乗鞍岳に近いロケーションで、夜には星空がきれいな所だ。

　舗装路を歩いて、野麦集落の野麦の里公園に着く。隣接した野麦の館では食事や宿泊ができる（また、主人が企画して主催する山菜狩りや紅葉ウォークといった季節のツアーが楽しめる）。機会があれば野麦名物そばもちを食べてみてほしい。甘さが疲れをやわらげてくれる。

　このコースは19㎞と長い。まだ野麦街道の登りがあることを考えると、１日で歩ききるのは難しい。よって、キャンプ場や野麦の館に泊まるのもいいだろう。

## 女工哀史
## 『あゝ野麦峠』の峠

野麦の里から車道を歩き少しずつ高度を上げていく。熊野神社の先の「野麦峠ハイキングコース入口」の看板から、右手のわだちのついた砂利道の林道に入ると、一帯はスギが植林されている。しばらくは平坦な車1台が通れるほどの道幅で支流沿いを歩いていく。

峠へは緑に囲まれた山道がつづく

「野麦峠」入り口の道標より、人が一人通れるほどの細い山道を登っていく。ここから約2・5㎞は急坂がつづくので覚悟して歩こう。

明治・大正時代、野麦峠は「女工哀史の峠」として小説や映画の舞台となり、全国的に知られている。女工は険しい山の中を雪の季節に歩き、長野県諏訪市の紡績工場へ糸引きに向かった。無雪期でも楽ではないので想像を絶する厳しさだったにちがいない。

現在も11月中旬から4月下旬まで大雪に閉ざされて通行止めになる。そしてこの冬季通行止めが解除される5月1日、峠の安全を祈願する「野麦峠山開き」が行われる。神事の後には、女工に扮した保育園児による餅つきが行われ、通行客に振る舞われる。高根町に春を告げる行事のひとつだ。

歩道脇をクマザサが腰ぐらいまで延び、ブナの大木から木漏れ日をそそぐ落葉高木の山道を登っていく。野麦の里からたっぷり2時間半ほどを要して、標高1672mの野麦峠に着く。飛騨と信州の国境にあり、江戸時代より交通の要所だった。雪をかぶった雄大な乗鞍岳を望むことができる。

峠には食事や宿泊ができる「お助け小屋」が建つ。これは、1970年に野麦峠の麓の野麦集落の古い家屋を移築した。明治から昭和初期にかけて、この地を行き交う旅人や女工が疲れを癒した「お助け小屋」を復元したものだ。隣接して野麦峠の館がある。野麦峠に関する資料の展示や、大型スクリーンによる女工哀史物語などを上映している。

峠には、『あ、野麦峠』のモデルとなった政井みねが兄におんぶされた銅像がある。彼女は野麦峠にたどりついたとき、「あぁ飛騨が見える、飛騨が見える」と言って息絶えたそうだ。この中部北陸自然歩道は長野県側モデルコース「野麦峠飛騨へのみち」（16・5㎞）へとつながっている。

『あゝ野麦峠』の政井みね像

10
高山市久々野町

## 色あざやかな果樹園

高山市久々野《くぐの》町には飛騨富士とよばれ、位山《くらいやま》、川上岳とともに位山三山のひとつに数えられる標高1480mの舟山がある。その標高1000mのふもとに延びる桃源ロードを歩いて、木曽三十六景の景勝地であるあららぎ湖を目指す。

久々野駅を発ち、久々野小学校を過ぎて無数河地下道から国道41号をくぐる。無数河川にかかる位山橋を渡り、「ひだ舟山スノーリゾートアルコピア」の看板を左折する。少し坂を上ったところで

# 飛騨桃源郷アララギのみち

### 桃源ロードからあららぎ湖を目指して歩いてみよう

●10.1km　みどころ―飛騨桃・飛騨リンゴの産地、あららぎ湖、舟山高原

難易度……★★★



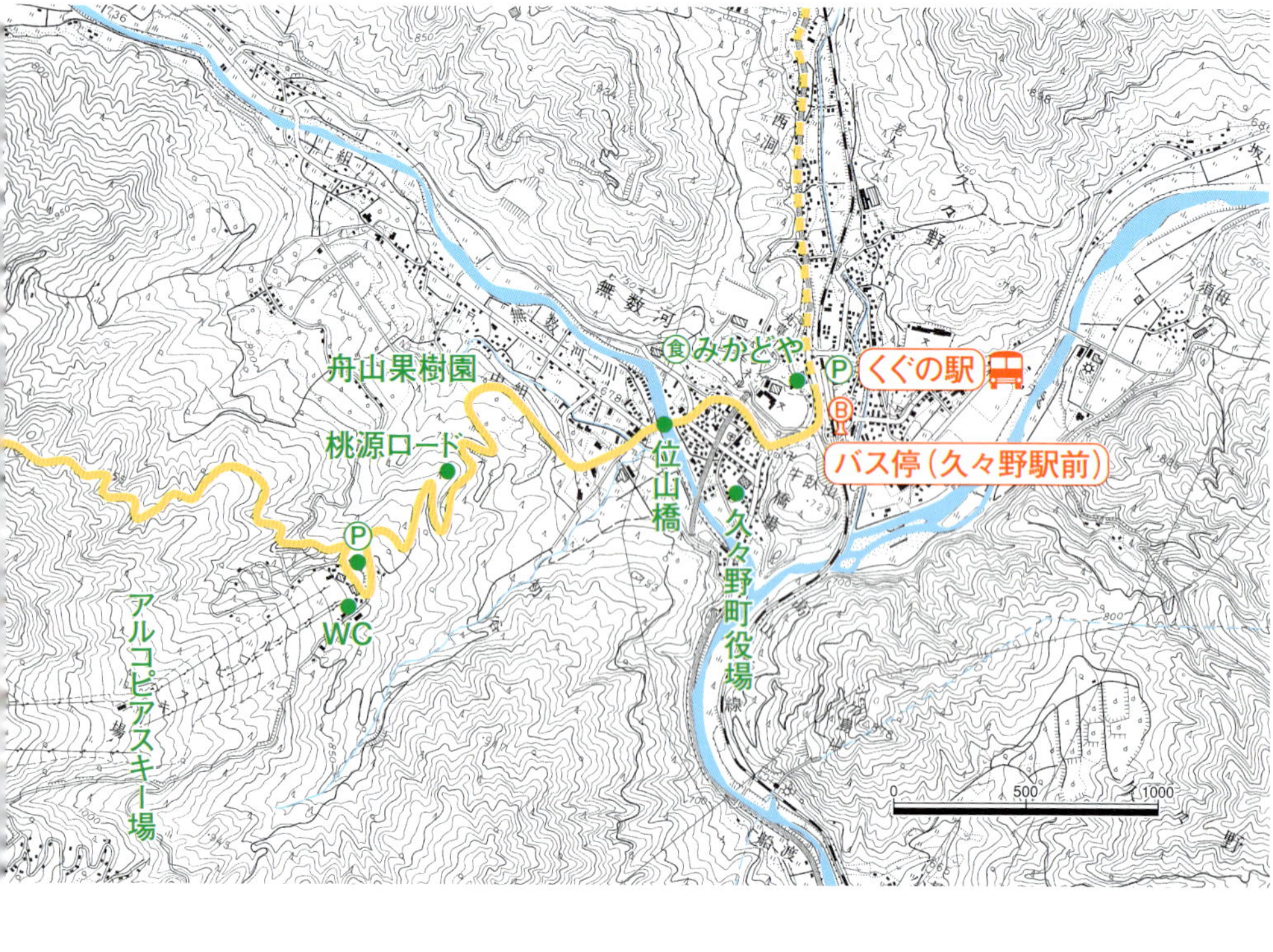

「舟山高原キャンプ場これより約5㎞」の小さな看板のある二股の道を右折する。

　道は舟山果樹園のあいだに曲線を描いてのびる、桃源ロードを上がっていく。久々野町はももやりんごなどの果物が豊富なところだ。8月上旬には飛騨もも、秋には飛騨りんごや飛騨なしが収穫の時期を迎える。農園ではフルーツもぎ取り体験もしている。ま

舟山果樹園

**■コースタイム（10.1km）**
久々野駅（1.4km・20分）位山橋（2.5km・45分）アルコピアスキー場（6.2km・2時間）あららぎ湖

**■25,000分の1地形図：**「久々野」「位山」

**■交通アクセス：**
往路：ＪＲ高山本線・久々野駅
復路：—

**■問い合わせ先：**
高山市久々野支所　産業振興課0577-52-3111

**■食事：**
みかどや　0577-52-2005　久々野

**■宿泊：**
あららぎ湖オートキャンプ場
0577-52-3904　数河
舟山高原キャンプ場　0577-52-2164　数河




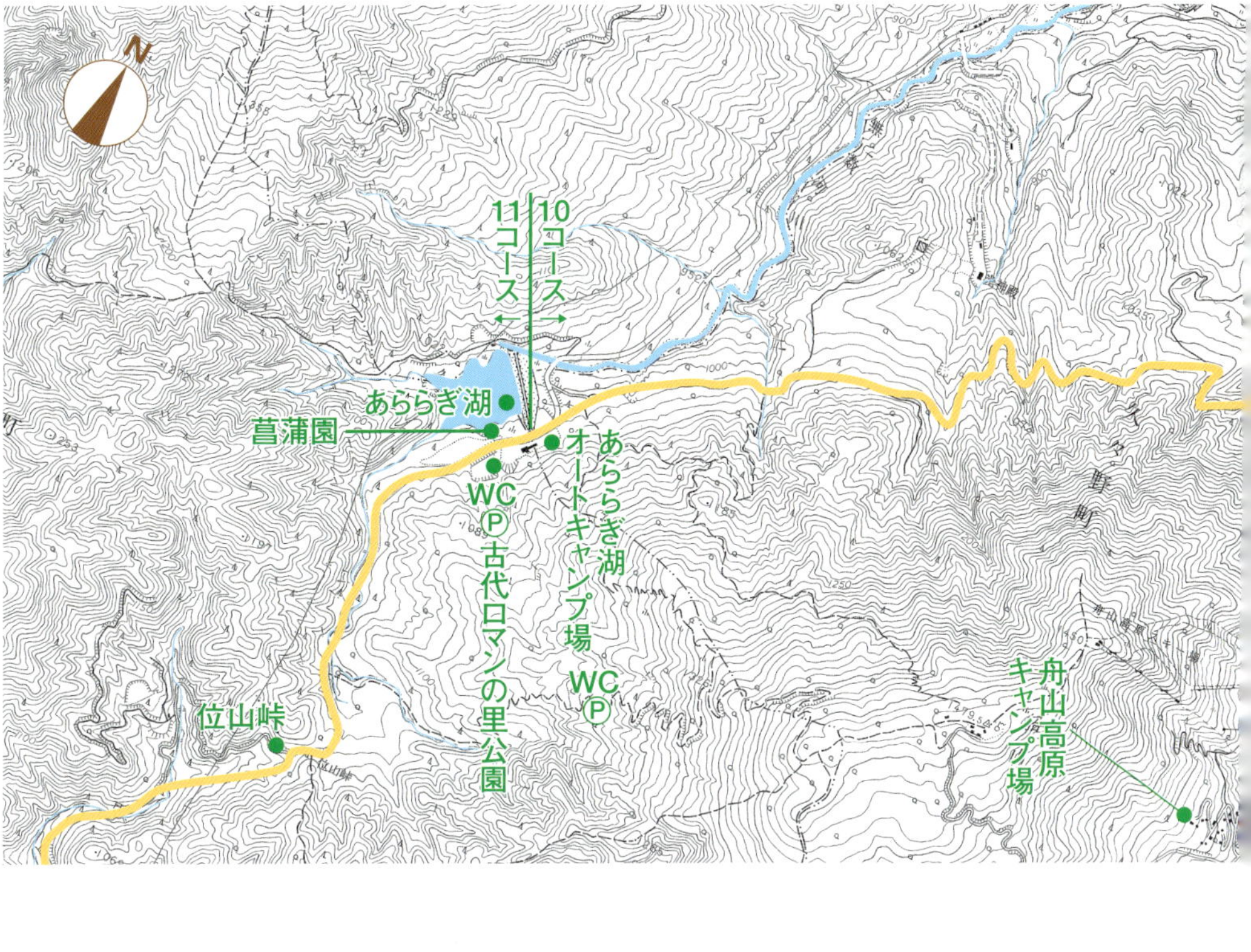

あららぎ湖の周りに延びる湖の散策路

た、春先にはあたりが白や淡い赤色の花を身にまとって、華やいだ気分で歩くことができる。

## 山菜摘みの舟山高原

その後、アカマツのあいだをゆく。余談であるが、常緑高木のアカマツはクロマツに対して、樹皮が赤褐色で、やさしい感じがするため雌松の異名をもつ。

さて、位山橋から坂を上ること約45分、舟山の北東に位置する舟山高原のアルコピアスキー場に着く。ここでひと休みをしがてら、北アルプスを眺めてお弁当を食べるのもいいだろう。この広い草原ではマウンテンバイクをはじめとするアクティビティ、春にはワラビやゼンマイなどの山菜摘みが楽しめる。

標高1200mにあるキャンプ場では南東に御嶽山、東から北東にかけて乗鞍岳や北アルプス連峰を見渡せる。早朝にはそれらの山々を雲海が包む。

桃源ロード

アルコピアスキー場からあららぎ湖までは桃源ロードこと無数河林道を約6km歩くことになる。桃源ロードは原生林のなかにのび、脇にはササが覆って景色の代わり映えは少ない。エスケープルートや自動販売機、建物もないので、体力に自信のない人は無理をしないようにしよう。

## 飛騨の守護神

約1時間半、舗装路を歩き続け、あららぎ湖に着く。県立舟山位山自然公園の中心部に位置し、標高1000mの原生林に囲まれた人工湖だ。食用のニジマスやアマゴ釣りができるとあって、早朝から釣り人がルアー・フィッシングで擬餌を湖面に垂らしている。カヌーやボートでの水面散策もでき、水面にはニジマスの背面の黒紋や体側の淡赤色が日の光にきらめいて反射する。夏は水中花火で人々を魅了する。

湖のほとりには匠街道の道標が立つ

湖の周りには散策路が整備されていて、湖を渡るまっすぐで広い遊歩道を歩いていく。平坦であるため疲れることはない。突き当たりを左に折れて、葉や樹木の形がヒノキに似たアスナロを中心とした林のなかをゆく。アスナロはヒノキより材質がやや劣るため「明日はヒノキになろう」が名前の由来となっている。

細い遊歩道でさらに湖面に近づくように下ってゆく。湖にそそぎこむ小川には大きな石が敷き詰められていて水遊びが楽しめる。その場所ごとによって見る風景に違いがあり、初心者でも堪能できる散策路だ。

その先には約90種類のショウブが湿地に群生している菖蒲園がある。初夏には小さな花を棒状に密集して咲く。葉には芳香があり、端午の節句にはショウブ湯にして入浴する地域も多い。

ショウブ園と野草園を抜けて、湖と隣接するように巨石のレリーフが立っている古代ロマンの里公園がある。舟山や位山には古代の神話が残っていて、そのひとつに『日本書紀』に登場し、朝廷に反抗した邪神とされる身体は1つで顔が2面、手足4つの両面4手の姿という両面宿儺《りょうめんすくな》の伝説がある。両面宿儺は神武天皇より位を授かるために天空浮舟に乗り位山にて位を受け給った。浮舟が着いた山を舟山といわれる由来がここにある。両面宿儺の神は今でも飛騨の守護神として人々に親しまれているそうだ。

約90種類が群生する菖蒲園

## 11 下呂市萩原町

### 山間にかこまれた位山自然の家

山之口川の山間に集落があり、濃い緑に囲まれている位《くらい》山《やま》自然の家が起点となる。自然の家は１１５年の歴史に幕を下ろした山之口小学校の校舎を生かし、自然体験を学ぶ場として子どもたちや大人を迎え入れている。山之口川の上流では渓流釣り、下流では鮎釣りが満喫できる。夜はあたりをさえぎる明かりがないため、無数の星に圧倒されておどろくことだろう。

自然の家からはカジヤ谷に沿って１・５㎞の舗装路を上

# 位山街道、峠越えのみち

## 男の峠道を越えて森林浴を堪能しよう

●6.6km　みどころ――あららぎ湖、位山峠、旧官道の石畳、だんご渕

難易度……★★★★



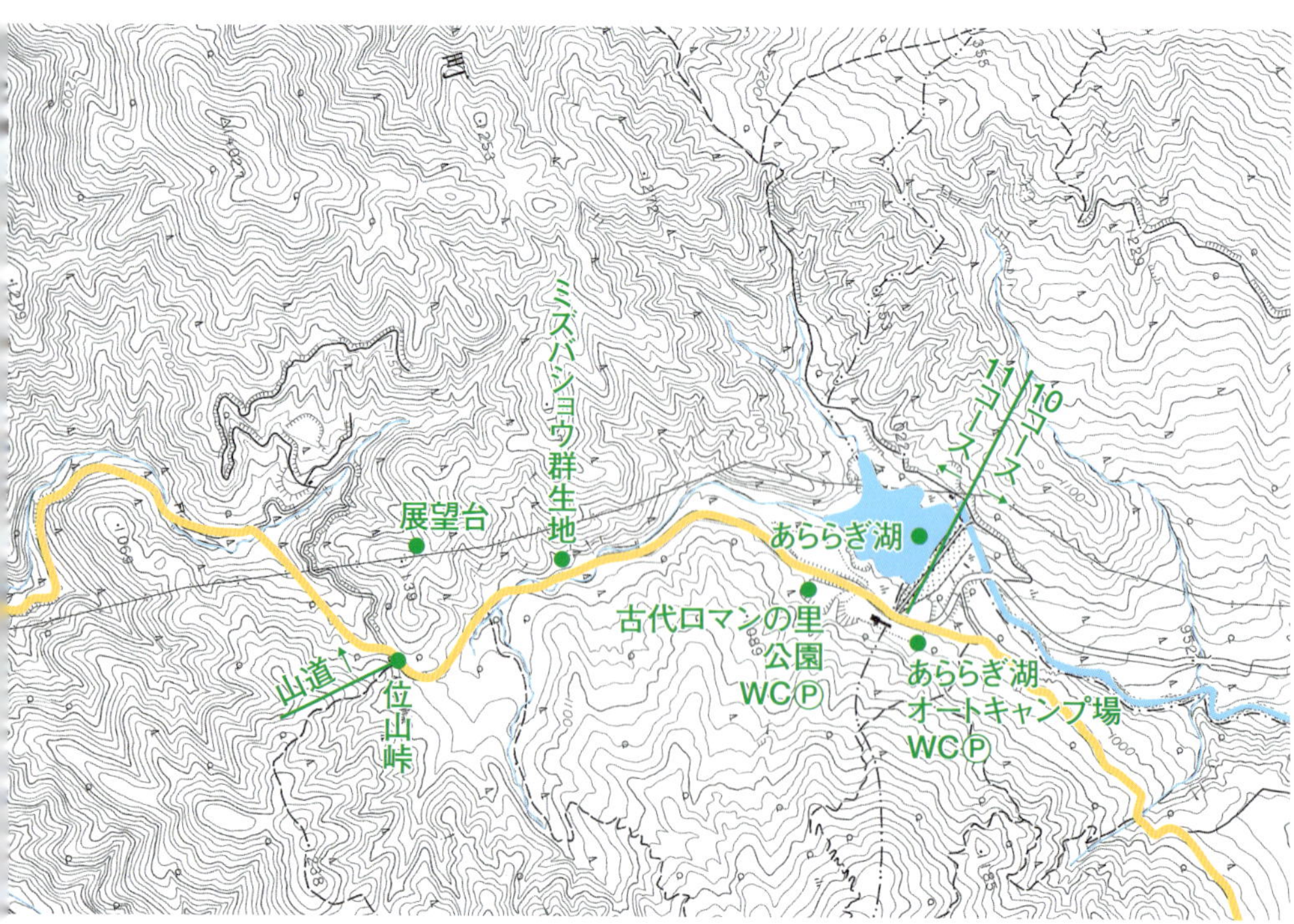

位山街道の入り口

■コースタイム（6.6km）

位山自然の家（2.4km・45分）だんご淵（2.6km・60分）位山峠（1.6km・20分）あららぎ湖

■25,000分の1地形図：「位山」「山之口」

■交通アクセス：

往路：山之口農協バス停

復路：－

■問い合わせ先：

下呂市農林振興課　0576-52-2000

■宿泊：

位山自然の家　0576-52-2900　荻原

山之口キャンプ場　0576-52-2900　荻原

がっていく。「愛郷の道」の碑が立つ分岐を右へ向かい、スギのなかの県道98号を抜けると位山街道の官道の登り口に到着する。

## 男の峠道の位山街道

登り口から高い杉木立のなかを「位山街道匠の道」の山道へ入る。ここからは谷に沿って石畳を歩いていく。20mを越える落葉高木のブナやミズナラの緑が濃く、小川のせせらぎの音が聞こえる気持ちのいい道だ。

位山街道は律令時代に名工たちである飛騨の匠が、山間のために調庸の税ではなく、大工として朝廷に仕えるために奈良や京の都への長い道のりを歩いた峠道だ。また都造営の厳しい労働に耐えて帰った峠道でもある。まさに、男の峠だ。それに対して、『あゝ



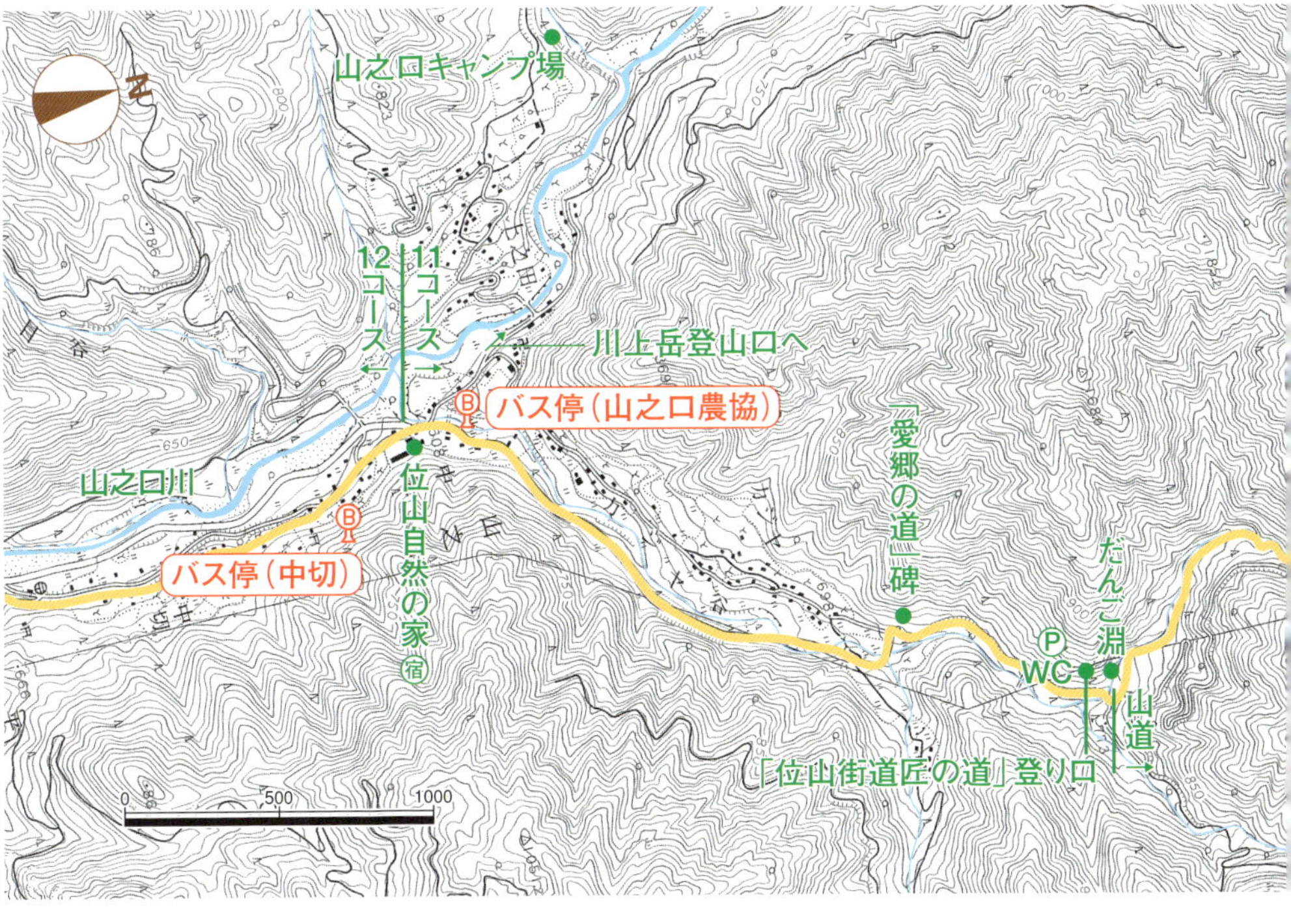

だんご淵のマイナスイオンが充満する

峠の「位山」の碑

野麦峠』で知られる女工哀史の野麦峠は女の峠といわれる。

　入り口からすぐの分岐を道標へ従って左へ折れると、ブナの巨木に囲まれているだんご淵に着く。普段は二本の滝を落としているが、水かさが増えると滝は三本になり迫力のある姿を見せる。

　途中にベンチがいくつかあり整備されていて歩きやすいが、中盤に少し傾斜がきつくなる。街道脇の苔むした巨岩に驚きつつ、登りはじめて約30分ごろに、いったん、県道98号に合流する。「位山峠まで１・８㎞、位山自然の家まで３・２㎞」の道標が立つ。

　雨乞いの岩がある位山神社を過ぎると、道標とベンチが設備されている入り口からふたたび旧道へ入る。道幅１・５ｍの山道につづく苔《こけ》むした石畳が端々しさを感じさせる。

下呂市萩原町では１９９０年から5年にかけて位山官道整備事業を実施して、けもの道のような状態で一部が残って

位山街道の石畳

いた旧道に敷石を詰めて整備しなおした。

## 江戸時代の碑が建つ位山峠へ

山道を30分ほど登ると、標高1084mの位山峠へ到着する。起点の萩原町山之口集落からは標高差474m、距離にして5kmの地点だ。峠の頂には解説板や小さな東屋がある。

その脇から「光と風の道」の散策路があり、約3・6kmの自然散策ができて、岐阜大学演習林へつづくコースもある。

生い茂ったクマザサのなかに「位山」と刻まれた石碑が残っている。江戸時代の1728（享保13）年に飛騨国代官・長谷川忠崇《ただたか》により建立されたそうだ。それ以来、約280年もの間、峠を見守りつづけている。

時間と体力に余裕のある人は石碑からつづく山道で展望台へ上ってみるといい。高さ約1mのクマザサのつづら折れの細い山道を上がると、東屋と望遠鏡があって、周りの山々を見渡せる。

峠の下りは石畳が残っておらず、すぐに車道へと出てあららぎ湖へ向かって下っていく。途中にはミズバショウ群生地があり、左手の木製の階段を下りると解説板が立っている。ミズバショウは初夏には白い苞を持ち、薄緑色で穂状の花が咲く。木道が施されていて群生地を一周できるようになっているので、気候がよければ寄り道をしてみよう。

あららぎ湖まで1・6kmの舗装路を歩く。湖の周辺には散策路やショウブ園、キャンプ場、古代ロマンの里公園がある。釣りや散策路で自然を体感することができる。

光と風の道

12

下呂市萩原町

## お美津稲荷の美人ぎつね伝説

商売繁盛の神様として信仰のあついお美津稲荷から歩き出す。社殿に至る石段には赤い鳥居が連続している。お美津稲荷には美人ぎつねの伝説がある。益田街道きっての親分きつねは「お美津」という美しい女性に化けるのが得意だったそうだ。お美津ぎつねの碑をまん中に、子分きつねの碑がとりかこむように並んでいる。毎年2月2～3日には節分祭りが催される。

坂を下ってJR高山線の手前に鹿清水が湧いている国道

# 山之口街道上呂展望のみち

## 山之口川の山間にある村里をたどって歩いていこう

●10.0km　みどころ――お美津稲荷、浅水の吊橋、位山自然の家

難易度……★★★

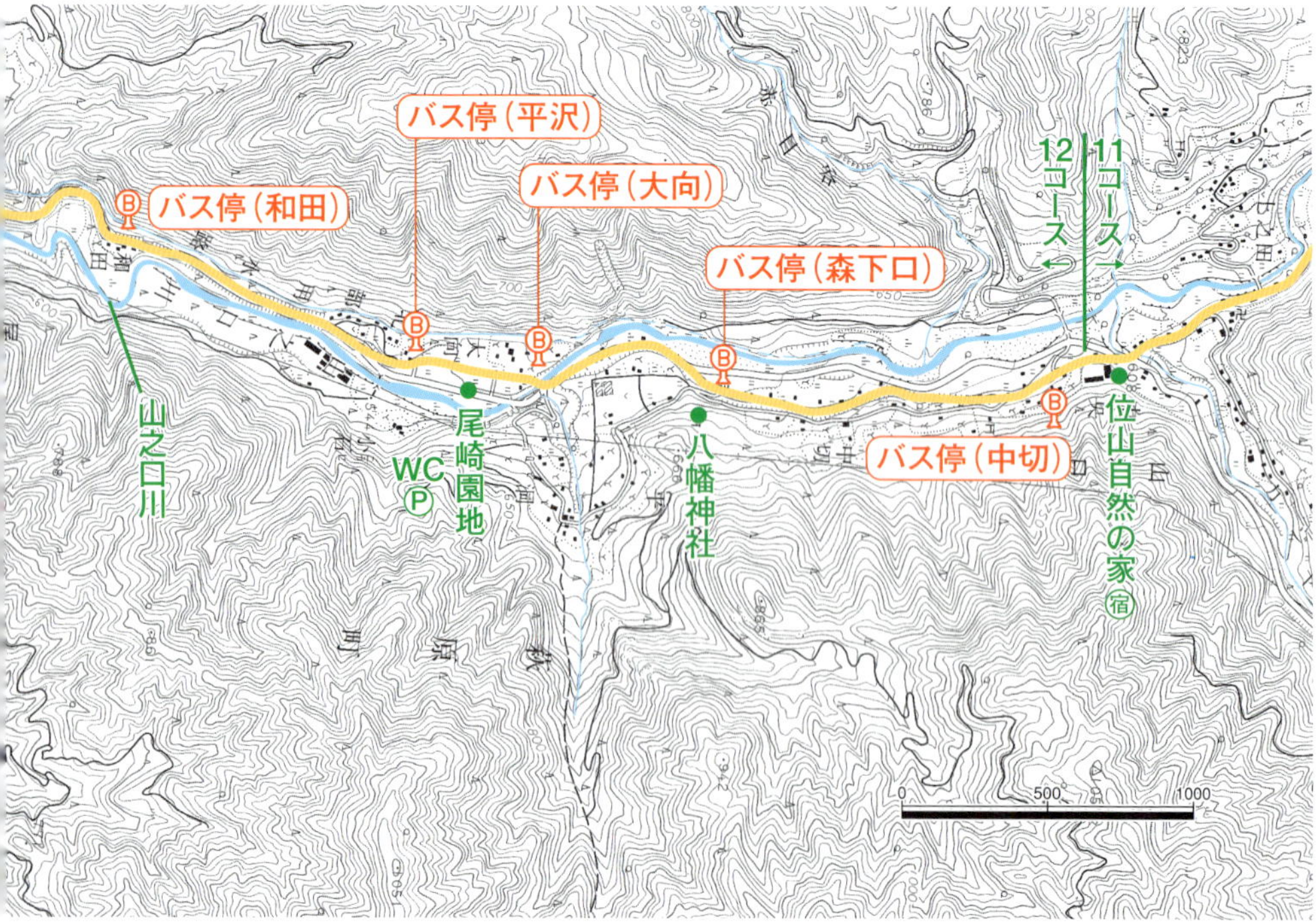

お美津稲荷

41号をわたり、歩行者専用の浅水の吊橋が対岸に伸びている。「歩行者制限、最大同時通行者荷重、20人以内」とあるが、渡ってみるとそれほど揺れることはない。清流の飛騨川に吹き抜ける風が気持ちいい。

浅水の吊橋は江戸時代から飛騨の四名所として知られている。河内路がなかった頃、掛けられていたという「あさ

**■コースタイム（10.0km）**

お美津稲荷（1km・10分）浅水の吊橋（1.3km・20分）永養寺（5.3km・1時間10分）尾崎園地（1km・10分）八幡神社（1.4km・20分）位山自然の家

**■25,000分の1地形図：**「山之口」「萩原」

**■交通アクセス：**

往路：中切バス停

復路：JR高山本線・上呂駅

**■問い合わせ先：**

下呂市農林振興課　0576-52-2000

**■食事：**

飛騨川温泉しみずの湯　0576-56-4326　四美

**■温泉：**

飛騨川温泉しみずの湯　0576-56-4326　四美

**■宿泊：**

位山自然の家　0576-52-2900　四美

山之口キャンプ場　0576-52-2900　四美

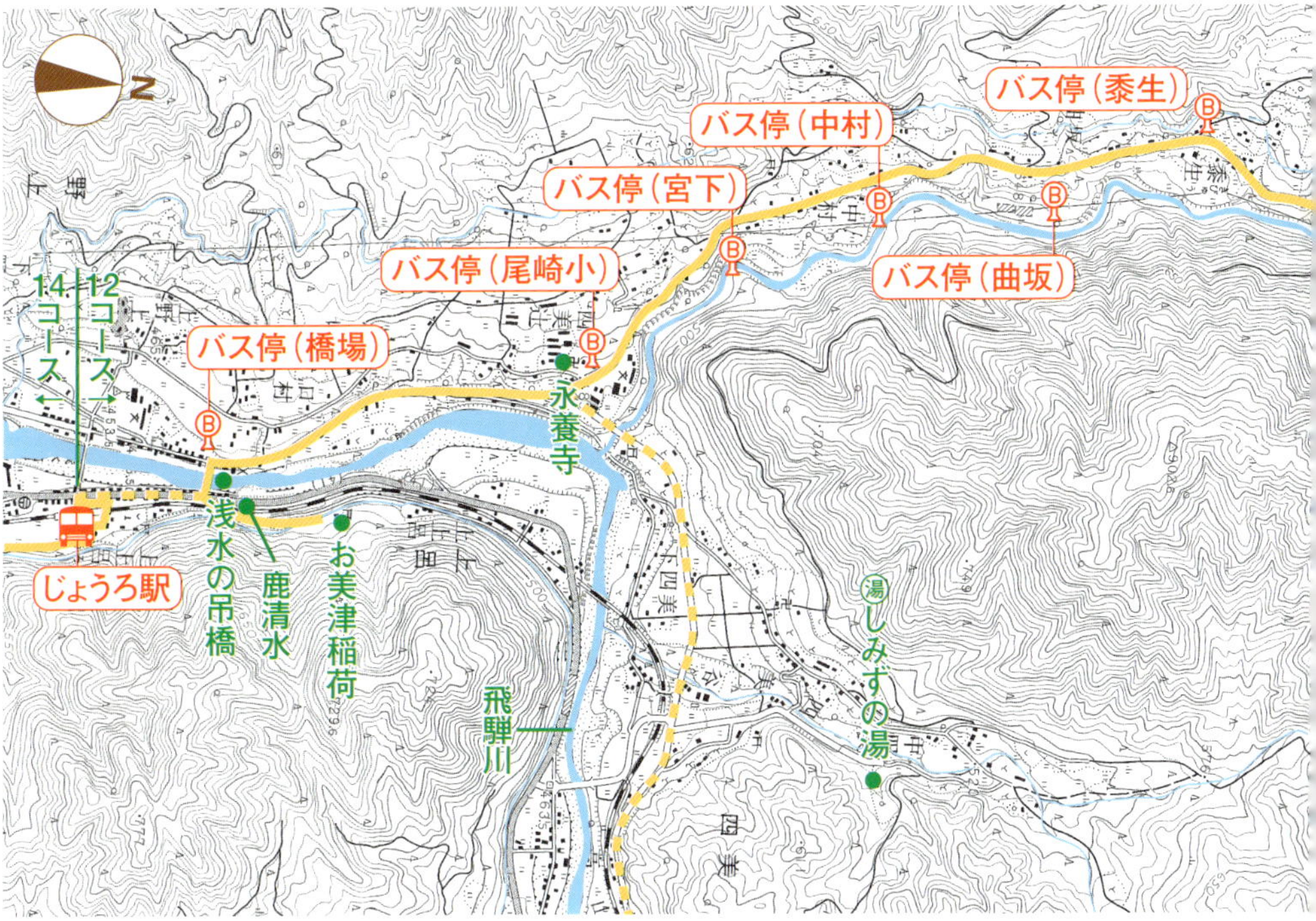

んづの橋」（浅水の橋）を偲んで建てられたという「終古あさんづの橋所」の石碑も残されている。

## いまはのどかな山之口街道

古代から中世にかけて、飛騨地方には宮廷や役所によって飛騨の国府と都を結ぶ飛騨官道が整備された。以来、都の文化を飛騨全域にもたらす中継点となった。飛騨官道のひとつである山之口《やまのくち》街道は、飛騨の国府（現在の高山市）から南下して位山峠を越え、「終古あさんづの橋」を渡り上呂《じょうろ》に至るまでの位山通りが本道となっていた。しかし、天正時代の１５８５年から飛騨の領主の金森氏によって、高山から宮峠を越えて小坂から萩原という現在の小坂通りが開拓されて新たな本道となった。

浅水橋を渡り小さな商店街を右折して、アスファルト舗装路を歩く。永養寺から左の山之口街道へ進路をとると、匠街道の大きな道標がある。丸太で組み立てられたロッジ風のバス停留所が建っている。

飛騨川にかかる浅水の吊橋

「終古あさんづの橋所」碑

位山自然の家

山之口川沿いに永養寺から5km、右手に「飛騨牛の里はぎわら」と屋根に描かれた牛舎を見下ろしながら1時間以上歩くと、尾崎園地へ着く。園内では子どもたちが野球、老人たちがゲートボールで汗をかいている姿に出会えるだろう。現代の萩原町は文化の中継地の雰囲気はなく、ただただ日本ののどかな風景と時間がただよっている。

## 川上岳と清流の山之口川

道はますます山間部へと入っていき、森下口バス停と八幡神社を過ぎる。

西側にある川上《かおれ》岳《だけ》は昔から位山と舟山とともにこの地方の三名山だ。位山県立自然公園に属し、日本二百名山のひとつでもある。黄緑の花を咲かすブナ、ダケカンバなどの原生林が数多く残る。5月には山頂に白い壺型の花を咲かすドウダンツツジが群生し、秋には真っ赤に色づく。また、位山は尾根歩きができ、約7kmの位山天空遊歩道がのびる。

山之口川は位山を源とする飛騨川の支流だ。上流では渓流釣り、下流ではアユ釣りを楽しむことができる。毎年8月15日には「山之口川清流大漁祭り」が催され、多くの家族連れが訪れる。このコースは山之口川沿いに自然の表情を感じながら歩いていく。

中切バス停と位山自然の家に着く。炊事場ではボーイスカウトの親子の一団がバーベキューを味わっていた。「明日は川上岳に登るんだ」と大将格のわんぱく少年が話してくれた。

鹿清水

13

下呂市小坂町

## 紅梅の咲く、おさかサイクリングロード

　飛騨小坂駅を出発して、きこり大橋を渡る。かつては森林鉄道の鉄橋がかかっていて、1934年から約30年間、多くの木材を運んでいた。その後、改良が行われ一般道路として利用されていたが、1992年に橋を架けなおし「きこり大橋」を完成させた。今では町の新しいシンボルとなっている。

　国道41号の高架をくぐり、歩行者と自転車専用の「おさかサイクリングロード」入り口に着く。入り口には平屋の

# 巌立と滝へのみち

## がんたて峡を目指してサイクリングロードを歩いていこう

●9.2km　みどころ——サイクリングロード、古子の紅梅、下島温泉、巌立峡

難易度……★★★★



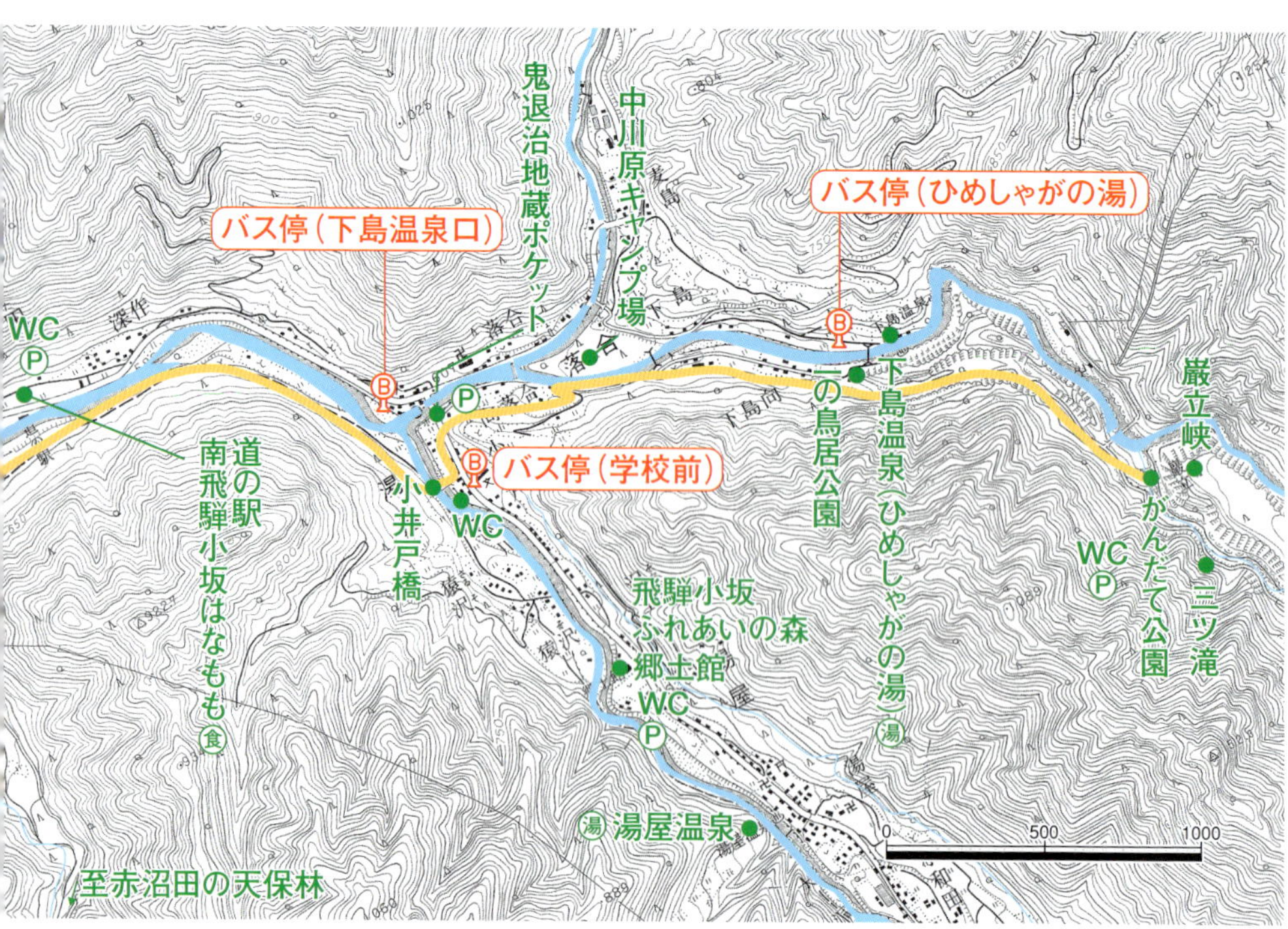

ぶなしめじ工場があり、右手には苔《こけ》むした石垣がつづく。落葉広葉樹のウツギやカエデ、植林されたスギが茂る。工場の端には道標とベンチ、サイクリングロード周辺の観光案内図がある。サイクリングロードは昔、材木などを運ぶトロッコが走っていた道で御嶽山まで続いていた。全長は7・6㎞ある。道幅は車両が1台分ほどで、とても平坦だ。

古子の紅梅

**■コースタイム：（9.2km）**
飛騨小坂駅（0.3km・5分）きこり大橋（0.7km・10分）おさかサイクリングロード入口（1.5km・25分）古子の紅梅（1.2km・15分）吉原の桜（2.9km・45分）鬼退治地蔵ポケット（2.6km・45分）がんたて公園

**■25,000分の1地形図：**「飛騨小坂」「湯屋」

**■交通アクセス：**
往路：JR高山本線・飛騨小坂駅
復路：ひめしゃがの湯バス停

**■問い合わせ先：**
下呂市農林振興課　0576-52-2000

**■食事：**
道の駅南飛騨小坂はなもも　0576-62-1010　赤沼田
ひめしゃがの湯　0576-62-3434　落合

**■温泉：**
ひめしゃがの湯　0576-62-3434　落合
湯屋温泉　0576-62-2176（飛騨小坂観光協会）湯屋

**■宿泊：**ひめしゃがの湯　0576-62-3434　落合
湯屋温泉　0576-62-2176　湯屋



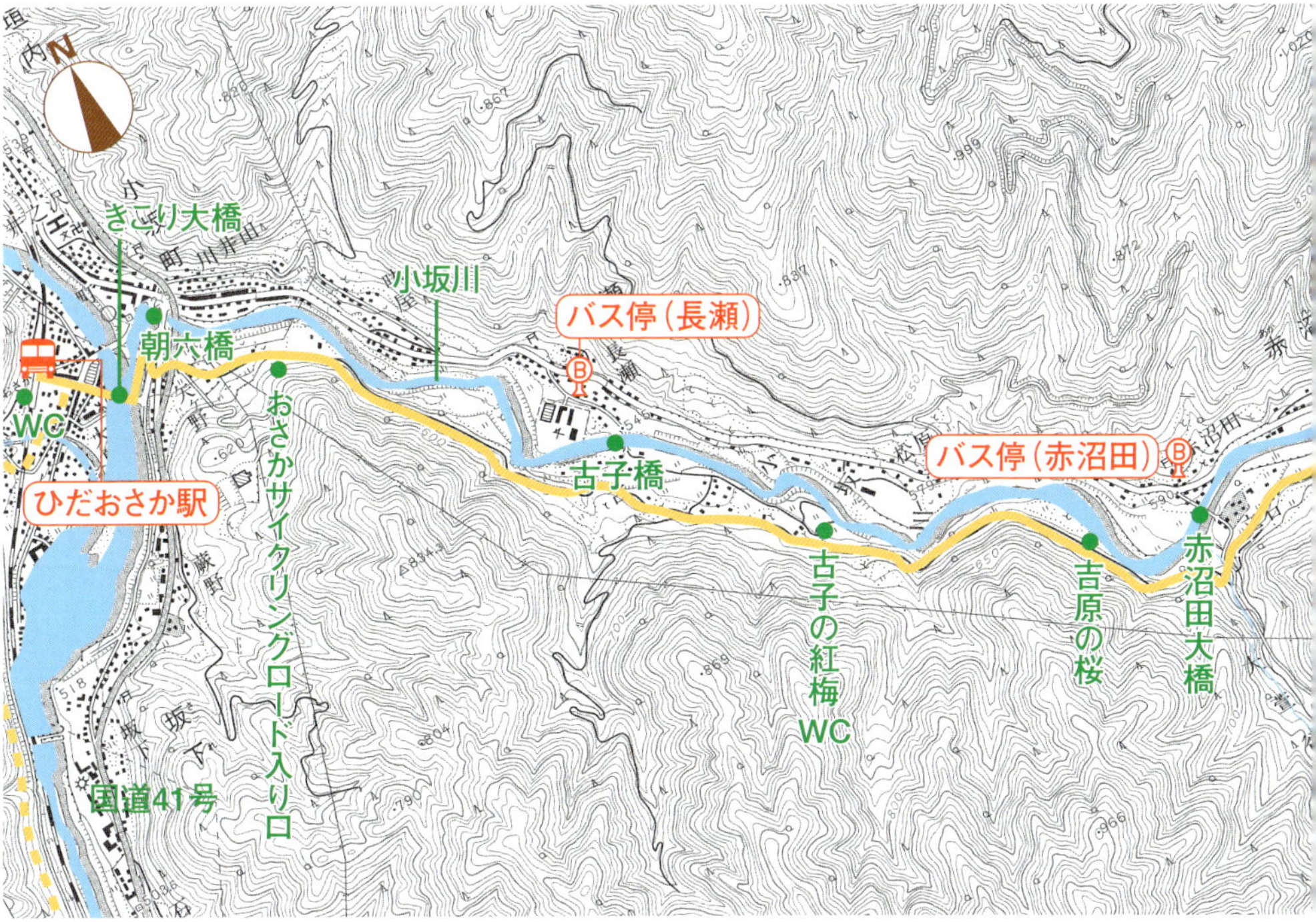

高台のため小坂川の流れを見下せる。川は曲線を描きながら延びる。風が頬に当たり、気持ちがいい道だ。

　小坂中学校、古子《ふるこ》橋が左手に見えてくる。東屋を過ぎ、樹齢700年の古子の紅梅に着く。地元の保護により、岐阜の名木100選に選ばれている。ここから御嶽山が眺められ、春の開花の時期には、山の頂の残雪と紅い花びらのコントラストが見るものの心を酔わせてくれる。ちなみに、自然歩道わきには、自然環境の保護を目的としたバイオのトイレがある。これはオガクズを使って糞尿を微生物の働きで肥料として再利用するものだ。

　古子の紅梅からしばらく歩いて、上洞滝を過ぎる。東屋の先に、樹齢400年以上といわれる吉原の桜が、岩のわきから小坂川へ張り出して伸びている。まっすぐなスギの木の間に、四方に広がった枝は川の対岸からでもひときわ目立つ。小坂町のサクラのなかでは一番の巨木だ。

鬼退治地蔵ポケット

## 「森の巨人百選」の天保林

　立石集落の一般道との交差点から南へ2km行ったところに赤沼田の天保林がある。なかには「森の巨人百選」に選ばれた天保の大ヒノキも残っている。スギやカツラなどの大木もあり、遊歩道が整備されている。

　立石の集落を見ながら高度を下げて畑の右手を歩いていく。小坂川の向こう岸には道の駅「南飛騨小坂はなもも」が見える。

　川の流れに沿って大きく右にまわって歩いていく。小井戸橋が分岐になり、橋を渡らずにまっすぐ行くと小坂町郷土館と飛騨小坂ふれあいの森がある。森の中には127mの大滑り台や緑のトンネル、生物観察施設、バンガローなどの宿泊施設も整備されている。

　さて、中部北陸自然歩道は小井戸橋を渡り、左折すると鬼退治地蔵ポケットがある。昔、このあたりに住む鬼が大暴れをし、村人は地蔵を祀り鬼を退治したという。地蔵の周りには「鬼退治地蔵尊」ののぼりが立つ。一見、ごく普通の地蔵だが、とてつもない力の持ち主のようだ。

## 御嶽山の噴火でできた巌立峡

　鬼退治地蔵ポケットから向落合の集落で車道に合流して、川沿いを歩いていく。巌立《がんだて》峡まで2・6kmの道のりだ。川の向こう岸には中川原キャン

巌立峡

プ場がある。清流の音が聞こえる絶好のロケーションだ。分岐を右に2車線の広い道を行く。

一の鳥居公園の対岸には、下島温泉の「巌立峡ひめしゃがの湯」がある。露天風呂、薬草風呂、ハーブスチームバスなどのさまざまな浴槽がたのしめる。炭酸を豊富にふくんだ茶褐色の湯は源泉掛け流しだ。歩行後にぜひ立ち寄りたい。

一の鳥居公園の分岐を直進して杉の間の車道を行く。ここからは、巌立峡まで1kmの一本道で、あたりは岩の景色が増えてくる。途中、湧き水の覚明水や2つの穴があり、牛の鼻倉とよばれる洞窟がある。

前方におおきな岩肌が見えて、がんたて公園に着く。対岸には雄大な巌立峡が姿を見せる。御嶽山の大噴火によってできた高さ72m、幅120mの柱状節理の大溶岩だ。溶岩が冷えて収縮する際にできた割れ目(節理)が垂直方向に走り、あみだくじのような景観を作り出している。

さらに公園から奥へ延長600mの滝見遊歩道が整備され、上段から落差6m、11m、5mの三段の滝をもつ三ツ滝へ通じている。間伐材を利用した遊歩道橋も設けられ、その途中には円空上人ゆかりの不動明王がまつられている。森のなかを歩きたどり着く滝は、神々しいかがやきを放っている。

下島温泉
(ひめしゃがの湯)

下呂市萩原町

14

## 南北に延びる健康の道

萩原町は南飛騨の中心地として栄えてきた。上呂駅から線路を渡って、東の山のふもとに上がっていき、南北に延びる歩行者専用の道路で、赤い舗装が施されている「健康の道」を行く。脇には用水路が流れており、水豊かな町のイメージに調和している。高台からは萩原の町並みと西側の山々を見渡すことができる。

龍泉寺からしばらく進むと岐阜の名水30選に選ばれている天王水の道標が立つ。スギ木立の山道を120mほど下っていくと、JR高山線のか

# 益田街道禅昌寺を訪ねるみち

天下の名刹を目指して健康の道を歩いてみよう

●9.7km　みどころ――健康の道、桜谷公園、久津八幡宮、禅昌寺

難易度……★★★



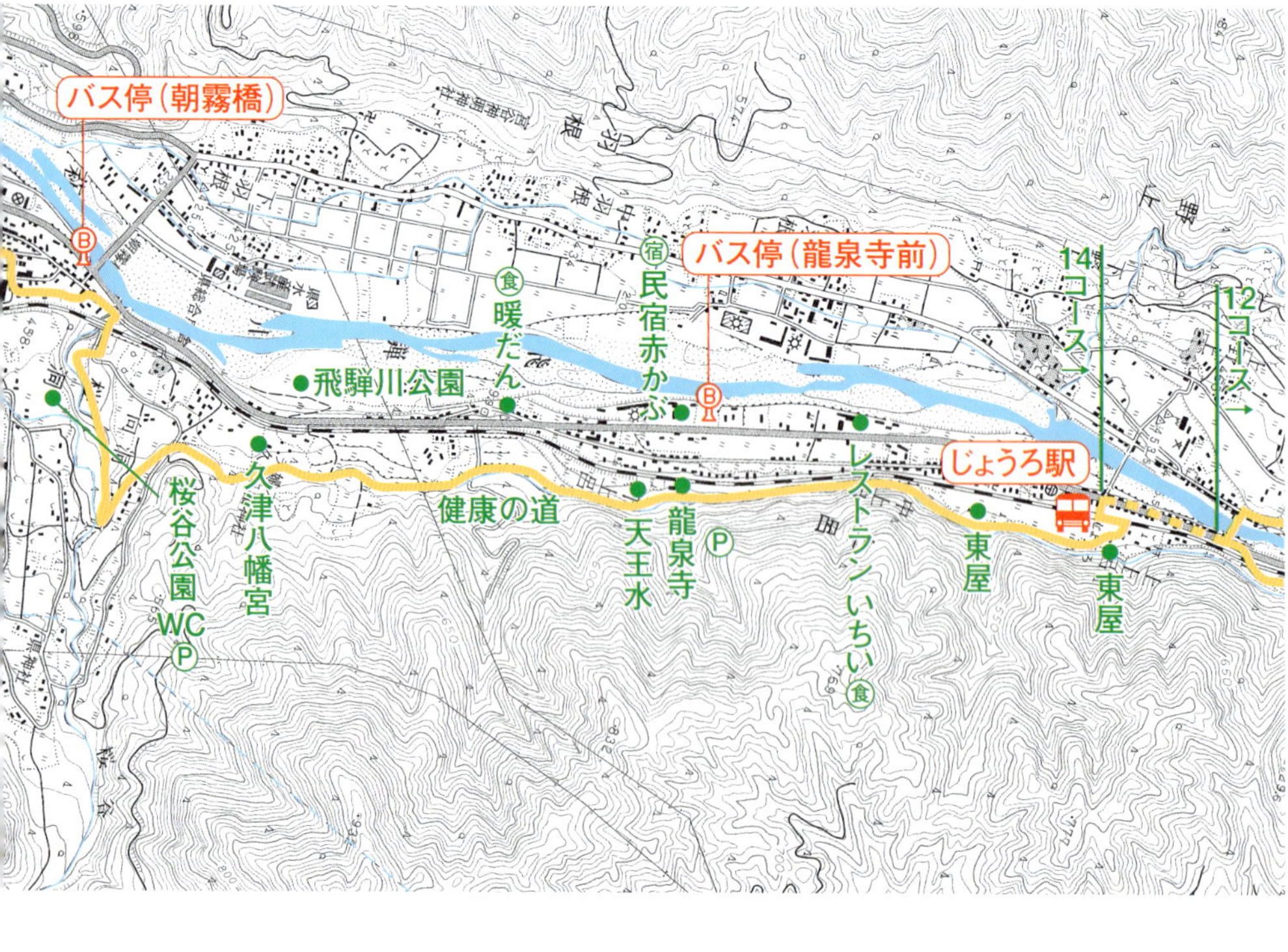

たわらに透きとおった湧水がわいている。言い伝えによると、千年来一度も濁ったり涸れたりしたことはなかったそうだ。地元の人には「天王さまの水」と呼ばれ、今も地域の人々の生活用水として利用されている。

## 久津八幡宮と桜谷公園

天王水を1kmほど進むと、久津八幡宮の鳥居が現れる。

久津八幡宮と樹齢1200年の夫婦杉

**■コースタイム（9.7km）**

上呂駅（1.6km・25分）龍泉寺（0.4km・5分）久津八幡宮（1.7km・25分）桜谷公園（0.6km・10分）下呂市役所萩原庁舎（0.3km・5分）諏訪神社（0.4km・5分）益田橋（2.2km・35分）跡津神社（2.4km・40分）禅昌寺

**■25,000分の1地形図：**「萩原」

**■交通アクセス：**

往路：JR高山本線・上呂駅

復路：円通橋バス停

**■問い合わせ先：**

下呂市農林振興課　0576-52-2000

**■食事：**

レストランいちい　0576-54-1116　上呂

暖だん　0576-55-0919　上呂

**■宿泊：**民宿赤かぶ　0576-54-1040　上呂



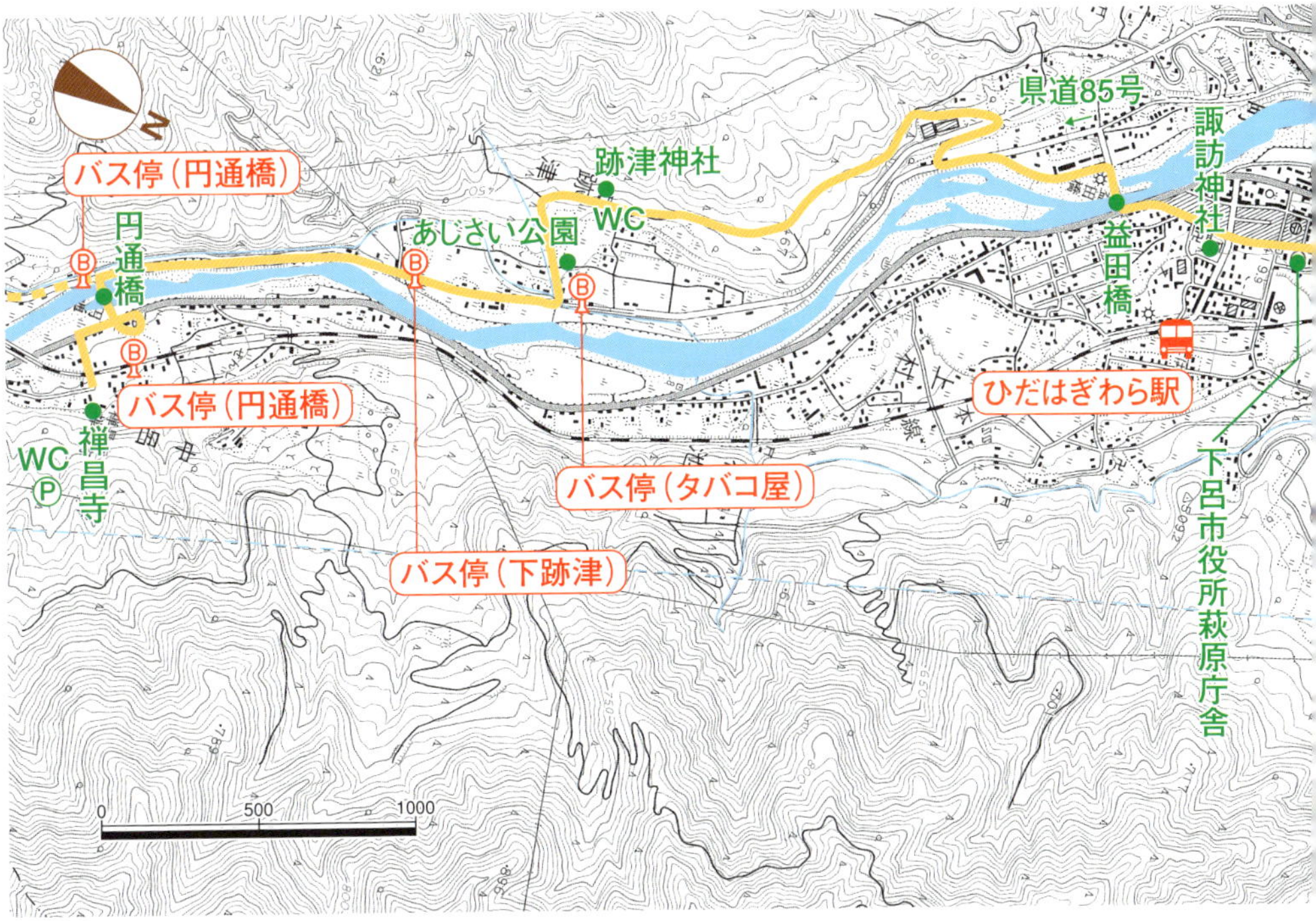

桜谷公園のなかを流れる桜谷川の河原

そこから山道を２００ｍほど下っていくと、境内には樹齢１２００年の大きな夫婦杉が立っている。１４１２（応永19）年に室町建築の様式で本殿が再建され、以来、南飛騨の総鎮寺として崇拝されている。本殿の「鳴いた鶯」と拝殿の「水呼ぶ鯉」の彫刻は飛騨の匠《たくみ》の作だ。「鳴いた鶯《うぐいす》」の彫刻はとても精巧で、目を見張る出来栄えだ。

かしなら団地を抜け、桜谷川と飛騨川の合流点近くの高台にある桜谷公園に入る。４月上旬には数十本の桜の開花が心をなごませる。園内にはかつての発電所跡や約１kmの遊歩道、東屋やベンチがある。子どもたちが桜谷川に入って遊んでいる。天然のプールになっていて子どもたちのはしゃぐ声が聞こえる。

## 天下の名刹・禅昌寺

萩原町の中心地を抜け、諏訪神社を左折して３００ｍほどで飛騨萩原駅がある。諏訪城跡から妙覚寺、十王堂を過ぎて、国道41号からすぐの益田橋で川幅の広い飛騨川を渡る。渡ってすぐの堤防沿いの道を左折する。

県道88号から右折して道路の下をくぐり、南ヶ洞ふれあいの道をゆく。ひっそりとした雰囲気のなかに跡津《あとつ》神社があり、社殿の縁に風化で目鼻立ちがわかりにくい狛犬《こまいぬ》と「跡津七福神」の毘沙門天像がある。

その後、東へ坂をまっすぐ下りていき、七福神の大黒天像があるあじさい公園を過ぎてしばらく県道88号をゆく。円通橋をわたり、終点の宗様式伽藍《がらん》がひときわ目立つ禅昌寺に着く。禅昌寺は飛騨第一の臨済宗妙心寺派の禅寺だ。平安時代に創設され、その後、後円融天皇によって天下十刹に数えられるようになった。

庭園の萬歳洞《ばんさいどう》は江戸時代に茶道宗和流の流祖金森宗和に築かれた名庭だ。また境内には樹齢１２００余年という天然記念物の大スギがあり、資料館には雪舟筆の「大達磨像」など寺宝が展示と見どころが多い。

天下十刹の禅昌寺

下呂市下呂町

15

# シダレグリと初矢峠石畳のみち

**天然記念物のシダレグリを目指して鎌倉街道の石畳を歩いてみよう**

●5.9km　みどころ――シダレグリの自生地、初矢峠の石畳、鎌倉街道

難易度……★★★

## 初矢林道から下呂材木の畑

下呂駅で降りると観光地にふさわしく老若男女の湯泉客でにぎわっている。下呂温泉は兵庫の有馬温泉、福島の草津温泉とならぶ日本三名泉である。百軒近い宿が立ちならび、白鷺の湯や幸乃湯といった共同浴場が湯けむりをあげている。

下呂町の中心地から南へ3kmの「小川橋」バス停が起点となる。温泉は歩き終えた後のお楽しみに取っておき、自然歩道を歩き出そう。

出発点の中川公民館から初《はち》

アカマツの脇にのびる鎌倉街道

初矢峠の石畳をくだり、鳥居をぬける

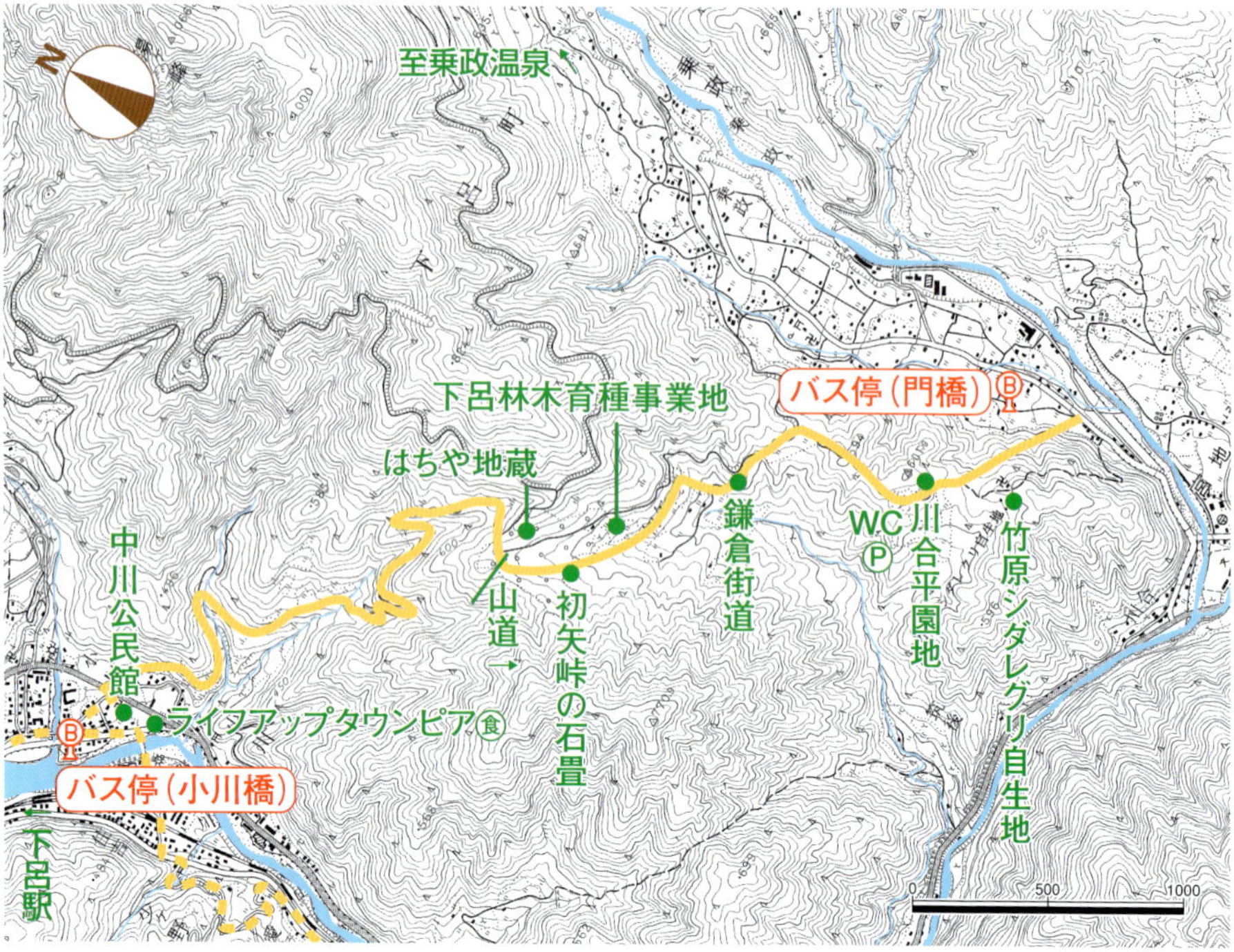




**■コースタイム（5.9km）**

中小川公民館（3.5km・1時間10分）初矢峠の石畳（0.8km・15分）鎌倉街道（0.9km・20分）川合平園地（0.7km・20分）門橋バス停

**■25,000分の1地形図：**「宮地」

**■交通アクセス：**

往路：小川橋バス停

復路：門橋バス停

**■問い合わせ先：**

下呂市農林振興課　0576-52-2000

**■温泉：**

下呂温泉　噴水池　0576-24-2222

（下呂市役所観光商工部）森

白鷺の湯　0576-25-2462　湯之島

クアガーデン露天風呂　0576-24-1182　湯之島

**■食事：**

ライフアップタウンピア　0576-25-5700　小川

**■宿泊：**乗政一乃湯　0576-26-3456　乗政

矢《や》地下歩道橋をくぐり、直径10㎝程度の小さな道標がある「里山歩きコース」に沿い、民家を抜けて初矢林道を上がっていく。石垣の水田に囲まれ、山間の村里の雰囲気がある。

しかし舗装された上り坂はつづいて一向に終わる気配はなく、民家はすでに建っていない。初矢谷砂防ダムを渡りスギ木立のなかに入ると道幅はぐっと細くなる。急カーブが連続し、我慢のいる道のりだ。

出発点から3㎞の坂を上がり、ようやく広い通りと合流するT字路を右へ進むと初矢峠に出る。スギの高木と「はちや地蔵」が立っている。この高木は中津川市加子母の銘木である「加子母大杉」の枝を挿穂して高木になったそうだ。

趣のある紫水橋

## 緑に囲まれた鎌倉街道の石畳

峠からは下呂林木育穂事業地が広がり、ともに樹皮が赤いヒノキやアカマツ、岐阜の県木で赤い実をつけるイチイなどを生育している。苗畑からようやく土の道になる。事務所の間を３００ｍほど進み、分岐を左へ下っていくと鎌倉街道の初矢峠の石畳がある。

幅２ｍ、延長80ｍの苔むした石畳は江戸時代のものである。結構デコボコとしていて歩きづらい。この道が明治20年代まで官道で利用されていた。

鳥居をくぐってアカマツの採種園をぬけて雑木林のなかの鎌倉街道をゆく。鎌倉街道は、京都から飛騨の国府を結び、代々飛騨の郡代はこの道を通って都へ向かった。この周辺には、鎌倉時代に源頼朝の名によって建立された大威徳寺があり、当時は飛騨の豪族や民の行き交う活気のある街道だったに違いない。

紫水橋、三ヶ月橋と小川にかかった短い木製の橋を渡る。このあたりも趣があっていい。道中にはベンチが設置されているので休みながら歩こう。道標は少ないが一本道なので迷うことはない。30分ほど下ると鎌倉街道と書かれた木製の門をくぐりアスファルトと合流して左に進路をとる。舗装路をゆるやかに上がっていき初矢霊園の交差点を直進して砂利道をしばらく下っていく。

## 天然記念物のシダレグリ

砂利道を下っていくと川合平園地に到着する。整備された東屋があり、休憩に適している。東屋の前には中部北陸自然歩道の案内図も立っている。

２００ｍほど先の竹原には国の天然記念物のシダレグリ自生地がある。クリの木が突然変異によってシダレザクラのように垂れ下がっている。自生することはめずらしく、全国で３カ所しかない。ここには約80本ものシダレグリがあり、なかには樹齢１００年を超えるものもある。５月には芽を吹き、クリの木の間にあるツツジがいっせいに花開くので見ごろだ。

道標が立つ案内図の横の山道を下っていく。傾斜は急であり地盤もゆるそうなのでゆっくりと下る。乗政集落へは７００ｍ、５分ほどで下山できる。「初矢峠の石畳」入り口の看板から少し下り、下呂行きの「門橋」バス停に着く。

時間が許せば三名泉で汗を流していくのも旅の楽しみ方のひとつだ。温泉街には無料の足湯が点在し、飛騨川の河原にも無料の露天風呂がある。歩き疲れた足を癒すにはもってこいだ。

シダレグリ

16

下呂市金山町

# 飛騨金山温泉へのみち

## 馬瀬川沿いのウォーキングに出掛けよう

●2.0km　みどころ——飛騨金山温泉、馬瀬川（展望）、道の駅かれん

難易度……★

### 雄大な川の流れを眺望

古びた駅舎が趣の良さを感させる飛騨金山駅を発ち、飛騨川にかかる弥生橋を渡る。つづいて飛騨川と馬瀬川にかかる金山橋を渡る。重なりあったふたつの川の雄大な流れを見下ろせる。清流として名を馳せる馬瀬川では長い竿を垂らして鮎釣りに興じる釣り人の姿が見える。

橋本町商店街のまっすぐな道を抜けていく。その後、馬瀬川に沿って歩き、国道256号に合流して歩道を飛騨金山温泉へ向かって歩く。この道は秋になればカエデが色づ



金山橋より清流・馬瀬川を望む

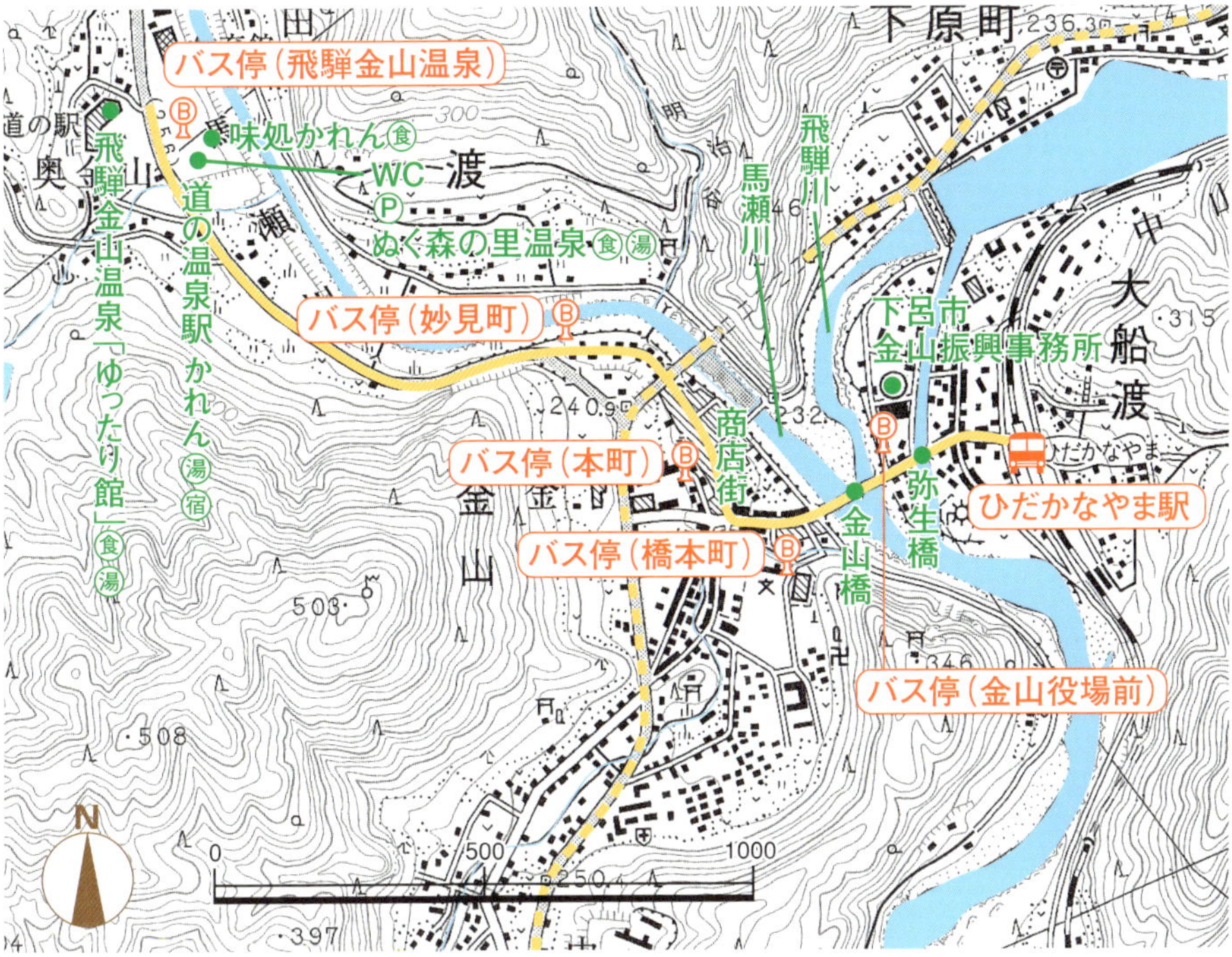






■コースタイム（2.0km）

飛騨金山駅（0.4km・5分）金山橋（1.6km・25分）飛騨金山温泉「ゆったり館」

■25,000分の1地形図：「金山」

■交通アクセス

往路：JR高山本線・飛騨金山駅

復路：飛騨金山温泉バス停

■問い合わせ先：

下呂市農林振興課　0576-52-2000

■食事：

味処かれん　0576-32-4855　金山

ゆったり館　0576-33-2492　金山

■温泉：

道の温泉駅かれん　0576-32-4855　金山

飛騨金山温泉ゆったり館　0576-33-2492 金山

■宿泊：

道の温泉駅かれん 0576-32-4855　金山

ゆったり館

くため、ガードレールにもみじのペイントが施されている。

## 「心と体の理想郷」の道の駅

金山橋から徐々に上り、約1・5㎞を歩いて道の駅かれんに着く。ここは公式球技が可能な野外スタジアムから、室内球技場アリーナ、温水プールや温泉ジャグジー、フィットネスジムなどの充実した設備を整えている。また宿泊することもできる。

　別名「心と体の理想郷」と呼ばれ、観光施設をはじめ福祉や生きがいと健康づくりを目指した集いの場所として親しまれている。リバーサイドスタジアムは馬瀬川沿いを走る「ひだ金山清流マラソン大会」のスタートとゴールの場所になる。

　敷地内の朝取横丁はとれたての野菜や地元特産品を販売している直産直売所だ。ビタミンDが椎茸の10倍といわれる金山特産の肉厚なひじり茸も購入できる。

## 飛騨金山温泉でゆったり

　道の駅かれんの向かいには飛騨金山温泉ゆったり館がある。アルカリ性単純温泉は神経痛や筋肉痛、関節痛、冷え性に効く。全身浴や露天風呂やサウナのほか、うたせ湯や圧注浴、寝湯、源泉を利用した冷水浴、ボディーシャワーなど8種類も湯を楽しめる。日ごろの疲れをゆっくりと癒したい。

　館内では食事をとることもでき、広々とした休憩所で休みながら、入浴を堪能できる。車で来る場合は道の駅に駐車をして、ここを起点にしてもいいだろう。

金山橋



## 各県のモデルコースとガイドマップについて

　各県ごとにモデルコースのガイドマップが用意されている。関係機関の問い合わせ先は、以下の通り。

■岐阜県　環境生活部地球環境課

TEL：058-272-1111（代表）　メールアドレス：c11549@pref.gifu.lg.jp

住所：〒500－8570　岐阜市薮田南2-1-1

・2分冊になっていて、1部は1〜9コース、2部は10〜26コースを網羅。東屋も記載されていて見やすい。

■福井県　安全環境部自然保護課

TEL：0776-20-0305　メールアドレス：sizenho@pref.fukui.lg.jp

・県下19コースを1分冊で紹介。コンパクトにまとまっているので携帯に便利。

■石川県　自然保護課

TEL：076-225-1476　メールアドレス：e170500@pref.ishikawa.lg.jp

・きちんとした印刷物のガイドマップはまだ作成されておらず、プリントされた用紙のみ（2006年8月現在）。

■富山県　生活環境文化部自然保護課

TEL：076-444-3398　メールアドレス：shizennhogo@pref.toyama.lg.jp

・県下30コースを4分冊で紹介。県庁自然保護課、コース該当の県農地林事務所と市町村役場で配布。コースの高低差の記載もあり。

# 【コラム】歩きの演出

ウォーキングに水筒、食料、雨具、地図は最低限必要な装備だ。さらに軽量化を意識しつつ自分独自の道具を持っていけば、ますます歩き旅を楽しく演出することができる。僕の場合は文庫本、メモ帳、絵の具セットを持っていく。

休憩時間に木漏れ日のそそぐ森の中で横になりながら文庫本を読めば、まさに至福の時を味わえる。特にその土地のことが書かれている郷土本からは思わぬ発見や知識を得ることができる。

メモ魔な僕は小さくて軽いノートをポケットに忍ばせておいて、出会った人たちとの会話や心を揺り動かされる風景を文字やイラストで書き留めておく。

目の前にひろがる風景に魅了されたとき、そこに腰を下ろしてリュックから手のひらサイズの絵の具セットを取り出す。ハガキサイズのスケッチブックを用いて、鉛筆で下書きをして水筆でささっと色をつける。できあがった作品に一言を添えて旅先から友人やお世話になった人たちに送付する。心がこもっているので受け取った方に想いが伝わるはずだ。

17 白川町

## 洞雲寺からの林道

ＪＲ高山線の白川口駅から目の前の国道41号を渡り、飛騨川にかかる白色の白川橋を渡る。大正時代にかけられた歴史ある長さ１１４ｍのつり橋だ。夜間はライトアップされ、その様子はイギリスにあるロンドンブリッジを思わせる。

白川橋を渡り、河股神社のあるＹ字路を左に進路を取って歩いていく。市役所を過ぎて駅から20分、１６６０（万治３）年建築で貴重な文化財が保存されている洞雲寺に着く。少し高台に上り赤い山門

# パイプオルガンの里探訪のみち

### 茶畑を縫って清流・白川沿いに歩いてみよう

●6.3km　みどころ――クオーレふれあいの里、白川橋、白川、茶畑

難易度……★★★

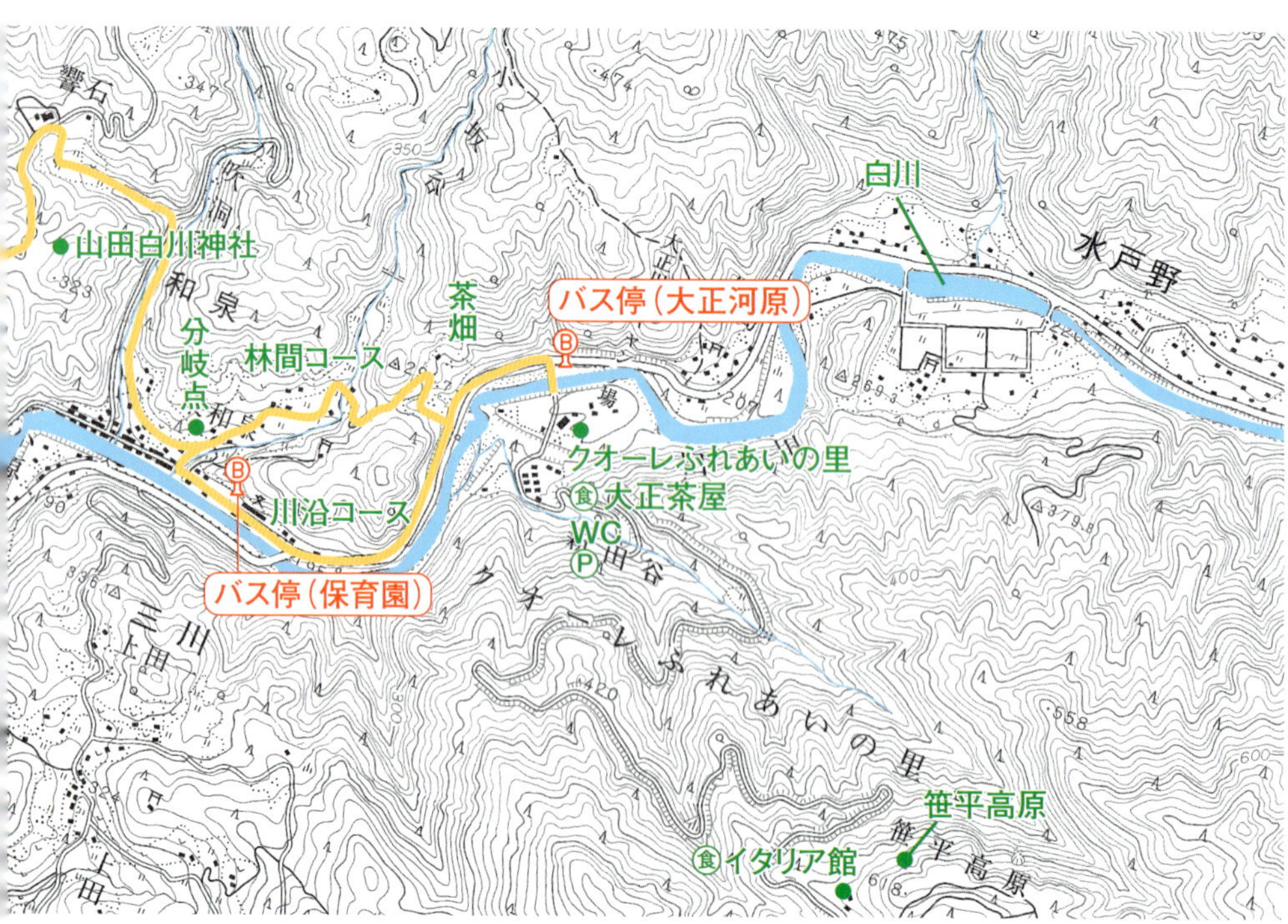

ライトアップされたつり橋の白川橋

をくぐると、立派な伽藍《がらん》が建っている。

洞雲寺を出て杉林のなかの林道を、ゆるやかに曲線を描きながら上っていき、途中、お稲荷さんを過ぎる。林道には道標が立ち、一本道なので迷うことはない。白川の流れを杉木立の間から見下ろしつつ、森林浴を楽しみながら進もう。

洞雲寺から約20分で山田白

**■コースタイム（6.3km）**

白川口駅（0.2km・3分）白川橋（1.5km・20分）洞雲寺（2.9km・60分）分岐点（1.7km・〈林間コース40分〉〈川沿いコース25分〉）クオーレふれあいの里

**■25,000分の1地形図：**「河岐」「金山」

**■交通アクセス**

往路：JR高山本線・白川口駅

復路：大正河原バス停

**■問い合わせ先：**

白川町商工観光課　05747-2-1311

**■食事：**

大正茶屋　0574-72-2462　和泉

イタリア館　05747-2-2543　三川

**■温泉：**

美濃白川スポーツ・スパランド

0574-72-1500　河岐

**■宿泊：**

美濃白川クオーレふれあいの里　0574-72-2462　和泉

白川温泉飛水館　0574-72-1107　河岐



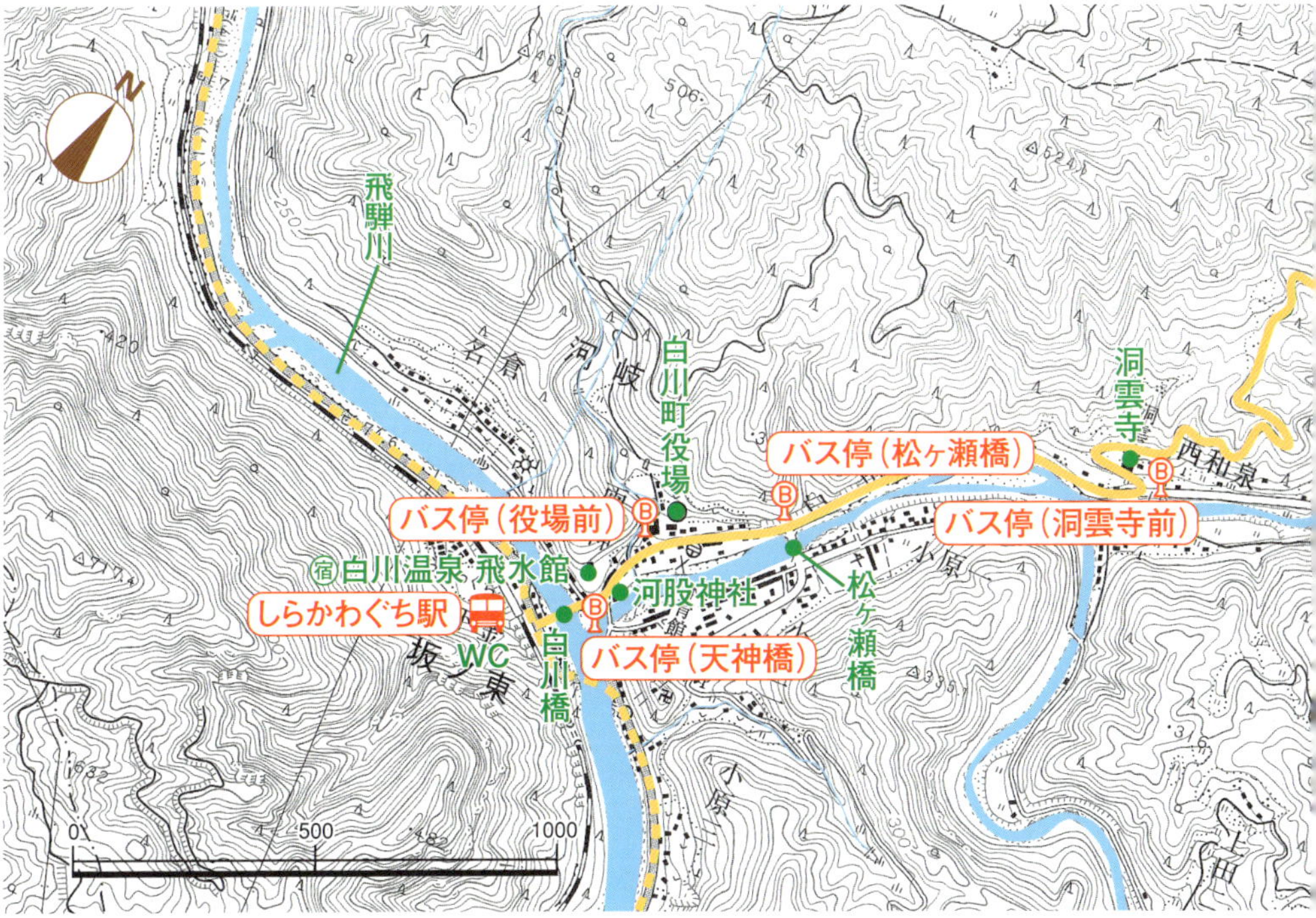

茶畑の田舎道



川神社との分岐につく。分岐から神社までは１００ｍなので足を運んでみよう。小さな社が建ち、展望が良く、白川町の山々やパイプオルガンをモチーフにした野外音楽堂がある笹平高原を見渡せる。

　神社から分岐にもどると、先は砂利道になり、やがて下りになる。木陰の気温が低くて気持ちがいい。大きなお屋敷の幸響苑からアスファルトを九十九折りに、いくつかの民家を過ぎて小川の脇を下っていく。畑に突き当たるＴ字路を右に曲がり、すぐに車道から左の畑のあぜ道に入り小さな橋を渡る。あぜ道には道標が立っているので入り口はわかりやすい。

　高木のスギ林からタケ林に入ると、木々の葉の鮮やかさが映える気持ちのいい道だ。林を抜けて集落にでて、民家の前の細道から車道に合流する。Ｔ字路を左折して進んだ白川保育園が「林間コース」と「川沿コース」の分岐点になる。

洞雲寺

## 薬師堂をめぐる「林間コース」

　分岐点から「林間コース」を先に紹介しよう。薬師堂と茶畑をめぐる。やがてあたりは開けて、農作地帯の一本道を歩いていく。分岐点から４００ｍの約５分強、左手に和

クオーレふれあいの里

泉薬師堂がポツンと建つ。ここは円空が作った木造薬師如来像が祭られている。円空とは美濃出身の江戸前期の僧だ。中部地方を中心に北海道から近畿までを遍歴して多数の荒削りの木彫仏像を作成した。これを円空仏という。静かな景色にお堂がたたずむ姿は、心落ち着く風情がある。

さらに行くと民家が数軒ならび、背後には白川茶の茶畑が整然と山肌を覆っている。栽培の歴史は４００年になり、見た目には冴えた濃緑色で葉肉が厚い。茶の栽培は湿度が高く、土は乾燥している気候が理想といわれ、古来より川の流域には銘茶の産地が多い。白川町は川に面した山間部で水蒸気が山にあたって霧になる。そして、昼と夜との寒暖の差が大きい。よって、茶の栽培に適していた。

その間を自然歩道は上がっていき、振り返ると茶畑を一望できる。上りきった地点から、右の山道へと下っていく。

林道からスギ林のなかの細い山道を下っていくと、川沿コースの県道62号と合流する。交通量が多いので車に注意しよう。終点のクオーレふれあいの里までは残り７００ｍである。

## 「川沿コース」クオーレふれあいの里

白川保育園のある分岐点を直進すると「川沿コース」になる。道は平坦で白川沿いのアスファルトの舗装路であるから、体力に自信のない方はこちらを進もう。

直進して白川小学校を抜けて、県道62号沿いの歩道を歩く。農作業をするおじちゃんやおばちゃんたちが行き来している。

残り1㎞を切ったところで「林間コース」と合流する。引き続き、白川沿いを歩いていくと、クオーレふれあいの里が見えてくる。オンシーズンには芝一面の広場や白川で水遊びをする子どもたちの声が響いてくる。

園内ではバンガローやコテージが建ち、フリーサイトでは直火もＯＫだ。リュックを下ろして白川に素足を浸し、歩きの疲れを癒すのも格別だ。

洞雲寺からの林道

### 御衣黄桜の舞う上麻生駅

4月下旬の上麻生駅前では、花びらがまるで女性が着物を着替えるかのような華やかさで緑色から黄色へ、さらには桃色へと色を変える御衣黄桜《ぎょいこうざくら》が花を開く。駅前通りを右に折れていくと濃厚な緑の葉がかがやく白川茶の茶畑がある。

T字路を右折して、木の国コミュニティセンターの前を通り過ぎる。近年、建てられたばかりの公民館で図書室も併設されている。町民の憩いの場となっている。ここで七宗町の郷土の情報を収集でき

# 日本最古の石にふれるみち

## 日本最古の石に触れ、地球の歴史を感じるコースを歩こう

●7.2km　みどころ——飛水峡、日本最古の石、ポットホール、御衣黄桜

難易度……★★★

甌穴《おうけつ》群

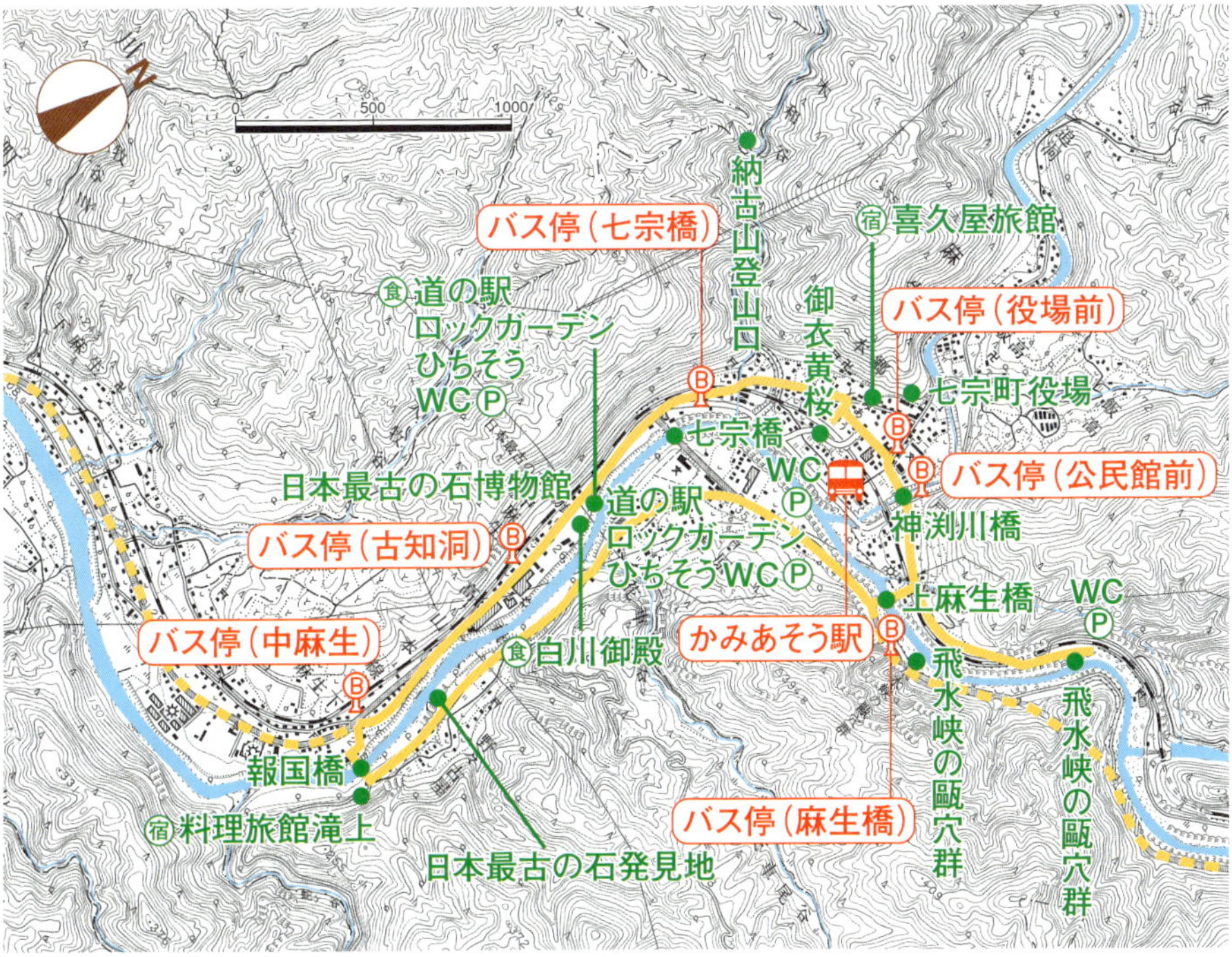






**■コースタイム（7.2km）**

上麻生駅（1.5km・25分）飛水峡の甌穴群（2.9km・50分）日本最古の石発見地（0.4km・7分）報国橋（1.3km・20分）日本最古の石博物館（1.1km・15分）上麻生駅

**■25,000分の1地形図：**「河岐」「上麻生」

**■交通アクセス**

往路・復路：JR高山本線・上麻生駅

**■問い合わせ先：**

七宗町農林商工課　0574-48-1111

**■食事：**

道の駅ロックガーデン　0574-48-1799　中麻生

白川園御殿　0574-48-2311　中麻生

**■宿泊：**

喜久屋旅館　0574-48-1017　上麻生

料理旅館滝上　0574-48-1983　川並

御衣黄桜

る。

神渕川橋を渡って上麻生橋へ進んでいく。

## 岩盤が織りなす甌穴群と飛水峡

上麻生橋の分岐を直進して、右の眼下にはJR高山線を見下ろしながら歩いていく。

分岐から約1㎞を進むと、国の天然記念物指定の峡谷で

飛騨川沿いに12kmもつづく飛水峡

ある飛水峡の甌穴《おうけつ》群があり、小公園になっている。飛騨山脈の乗鞍岳（標高３０２６ｍ）を源とした飛騨川が、長い年月をかけ硬い岩盤を削り、壺のような穴をあけた。直径１ｍ以上もの甌穴が約８００も点在している飛水《ひすい》峡は、地質学上において貴重な場所だ。

園内を散歩していた地元のおばあちゃんが声を掛けてきた。

「歩いているのかい？　気をつけて行きゃあよ。夏にはな、渓谷の岩に赤くツツジが咲いてきれいなんじゃよ」

と言って顔のしわをくしゃくしゃにして笑った。

分岐まで戻って、左折した上麻生橋からは飛騨川と飛水峡が見下ろせる。飛水峡は白川町から七宗町まで

12kmもつづく。えぐりとられた珍しくも怪しい、たて模様の層状の岩肌が神秘さをかもし出している。

## 日本最古の石発見地

国道41号から外観がまるでレンガを覆った教会のような上麻生中学校の手前の支線を左へ入る。少しずつ坂を下ると東屋が立つ日本最古の石発見地がある。１９７０年３月に飛騨川の河床から発見された「上麻生礫《れき》岩」は年代測定の結果、約20億年前にできたことがわかり日本列島最古のものと判明した。

階段を下りていくと日本最古の石の発見された岩が見える。案内板には「色の変わった岩が発見地」とあるが、はっきりとした色の違いはわかりにくく、階段を下りて岩の上に座ってみるが、〝約20億年〟という膨大な歴史を簡単にイメージすることができない。

最古の石発見地

報国橋を渡って国道41号の合流手前に石道標が立つ旧道を左に曲がる。石道標には「左　飛騨街道　右　白川御嶽街道」と書かれている。その後、国道41号の歩道を歩いて「道の駅ロックガーデンひちそう」に着く。

ここに隣接されて、蚕のような丸い楕円の白銀の建物が「日本最古の石博物館」だ。より太古の歴史を感じたい方は是非立ち寄ってみよう。

発見された「日本最古の石」をはじめ、大映像室で地球の誕生から現在までの歴史を体感できる。また、地球内部の様子を表した世界でも最大級の地球儀やクイズコーナーで楽しく石の知識を身につけることができる。

石道標

国道41号を左へ外れＪＲ高山線の線路を渡り、すぐの分岐を直進する。その分岐を左へ行くと納古山の登山道へと通じる。駅から約２時間で登れるため人気が高い。標高６３２ｍの低山でありながら山頂は３６０度の展望が開け、白山や御嶽山を望むことができる。

分岐から上麻生駅へはすぐに到着する。

日本最古の石博物館

19
川辺町

# 川辺ダム湖のみち

**飛騨川をすべるように走るボートを見ながら歩いてみよう**

●4.3km　みどころ――ダム湖、かわべ夢広場、川辺漕艇場

難易度……★★

## 旧飛騨街道ののどかな風景

下麻生駅の前の集落と畑の間にまっすぐに延びる旧飛騨街道を歩いていく。北西側には山がせまり、南東側には並行してJR高山線が走る。

駅から約2km、30分弱歩くと本覚寺、さらに500mほど歩くと村の鎮守の社である神明神社に着く。町内の方々が竹ほうきを手に掃除をしている。ひとりの恰幅のいいおばあちゃんに話を聞いてみる。「毎月10日の朝8時にはみんなで掃除をしているんじゃよ。ここは村の守り神じゃから



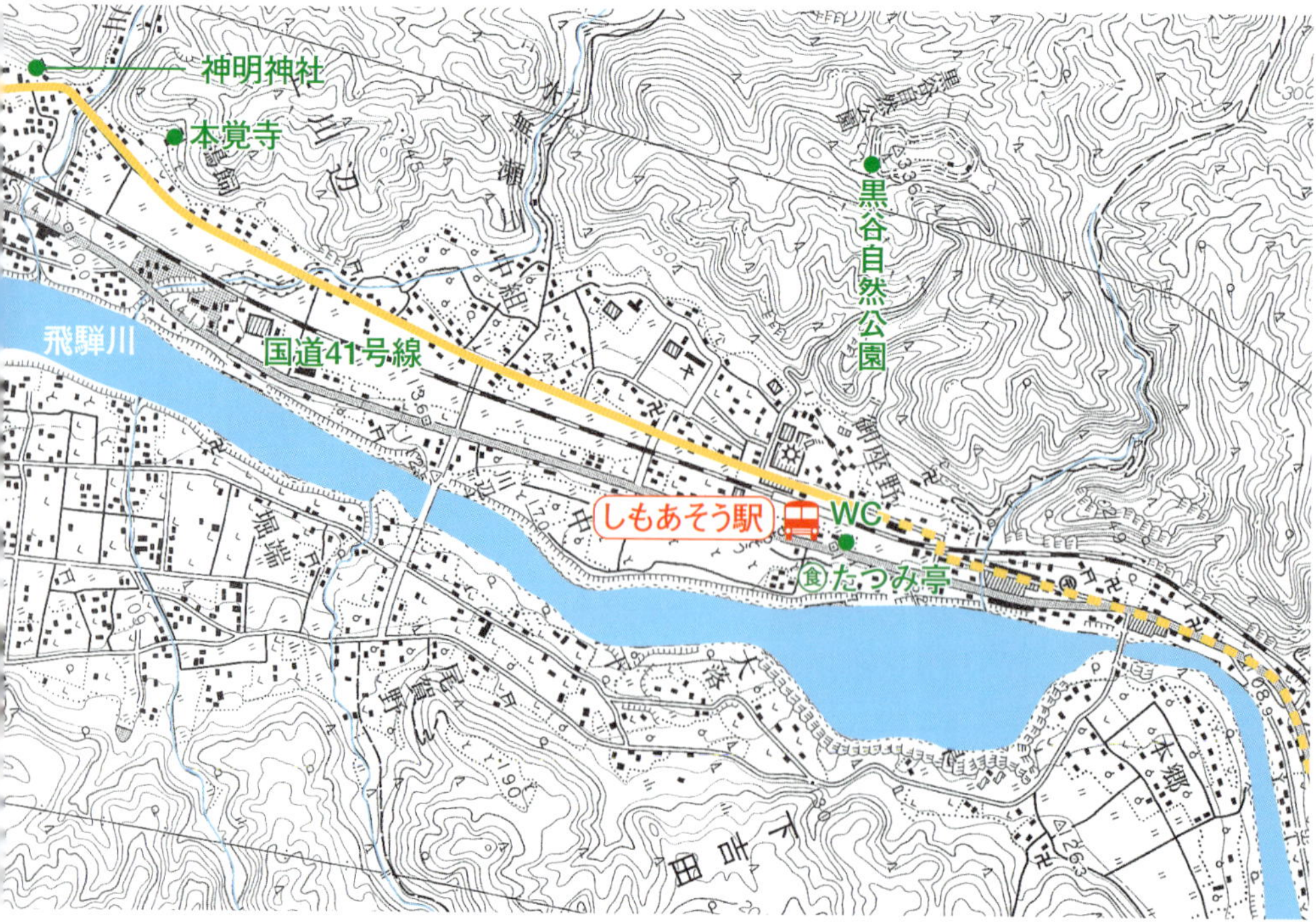

ね」
と言って頬をくずした。昔ながらの習慣が残っている。

## やすらぎの川辺ダム湖

ＪＲ高山線の線路を渡り、国道41号を横断して飛騨川の川沿いへと目指す。

赤い新山川橋の手前のモニュメント「銀波に遊ぶ」を過ぎて、飛騨川沿いに右へ進路をとるとダム湖畔のかわべ夢

神明神社の掃除の風景

**■コースタイム（4.3km）**
下麻生駅（1.8km・25分）本覚寺（1.2km・15分）かわべ夢広場（0.7km・15分）県営川辺漕艇場（0.6km・10分）東光寺公園

**■25,000分の1地形図：**「上麻生」「美濃加茂」

**■交通アクセス**
往路：JR高山本線・下麻生駅
復路：—

**■問い合わせ先：**
川辺町産業環境課　0574-53-2511

**■食事：**
お肉料理専門たつみ亭　0574-53-4129　上川辺
モンパリ　0574-53-3020　石神

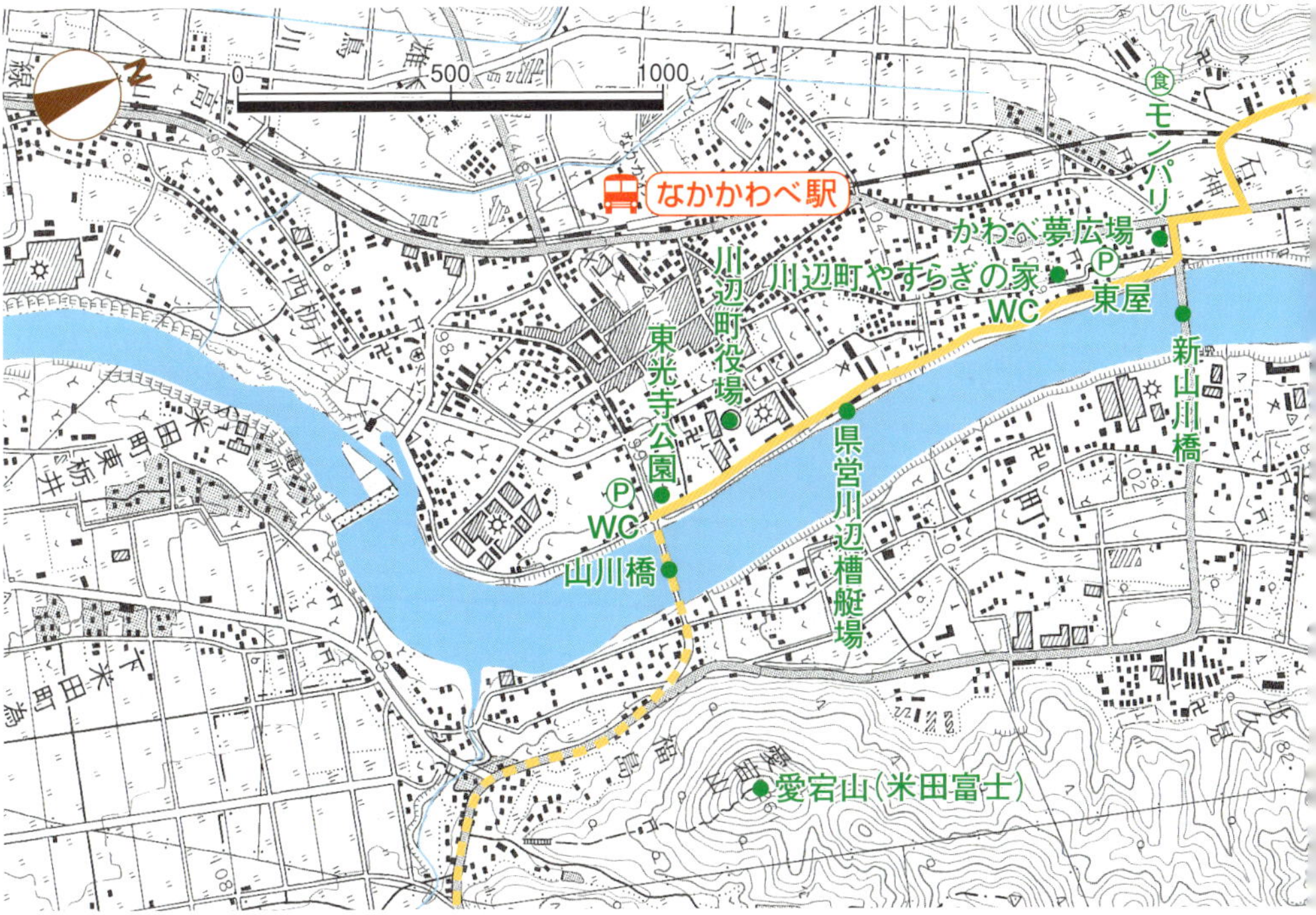

かわべ夢広場

広場へ着く。ナイターの設備も整っている9ホールのパターゴルフ場があり、子どもたちがわいわいと遊んでいる。

　このあたり一帯は飛騨木曽川国定公園になっている。川沿いには水遊びも楽しめる湧水のみちの遊歩道が延び、赤いツバキが咲いている。周辺には休憩所にも利用できる福祉施設「やすらぎの家」がある。

　また、ここには階段状の眺望テラスがあり、ボートやカヌー、ヨットが飛騨川の風を切って走る様子をゆっくりと眺めることができる。川からの風がひんやりとして気持ちがいい。夏にはダム湖に浮かぶ筏から打ち上げられる花火大会「リバーサイドフェスティバル川辺」が開催され、大いに盛り上がる。

## 日本有数の川辺漕艇場

かわべ夢広場から遊歩道を歩いていくと、町を南北に流れる飛騨川に日本を代表する県営川辺漕艇場がある。青や黄のカラフルなボートがいくつも並べられ、それぞれ船主が手入れをしている。漕艇場より南の川辺ダム湖で飛騨川の流れをせきとめて、幅12・5m、長さ1000mのコースが6レーンつくられた。ここでは各種の大会やマリンスポーツフェスティバルが催される。

　さらに遊歩道から車道の歩道に合流して歩き、500mほど南下していく。この道には筋肉隆々のボートマンたちがランニングをしている。

　山川橋のたもとにある東光寺公園が終点となる。ここからは特にきれいな円錐形の米田富士の展望がよく、山頂には米田城跡がある。川辺ダムとの景観が見事に調和して土と水の美しさを際立てている。

　余談だが、国道41号沿いの中川辺駅には〃ボート王国かわべ〃のオリジナルキャラクター、「ボートン君」の看板が目立つ。ボートを橋の上から見た感じがアメンボに似ていることからヒントを得たそうだ。思わず笑ってしまうほどかわいらしいキャラクターだ。

県営川辺漕艇場

## 20
## 八百津町

### 宿場町を抜ける

木曽川の雄大な流れと銀色の八百津《やおつ》橋が見渡せる蘇水公園が起点だ。車で来る場合は、ここの駐車場に停めておくといい。

八百津橋を渡って商店街の本町通りを歩く。中山道の脇街道としての町並みが残る京格子の屋敷や白壁の土蔵、栗きんとんの店が目につく。栗きんとんは八百津町銘菓のひとつで秋の収穫の頃には来店者でにぎわう。名産は他にも戦後に有名となった八百津せんべいがある。全国の瓦せんべいの生産量70%を占める自

# 武蔵伝説探訪のみち

## 剣豪・宮本武蔵の足跡を訪ねてみよう

●5.5km　みどころ――五宝滝、大仙寺、五宝滝公園、本町通り

難易度……★★★★

五宝滝の赤い太鼓橋

五宝滝への道

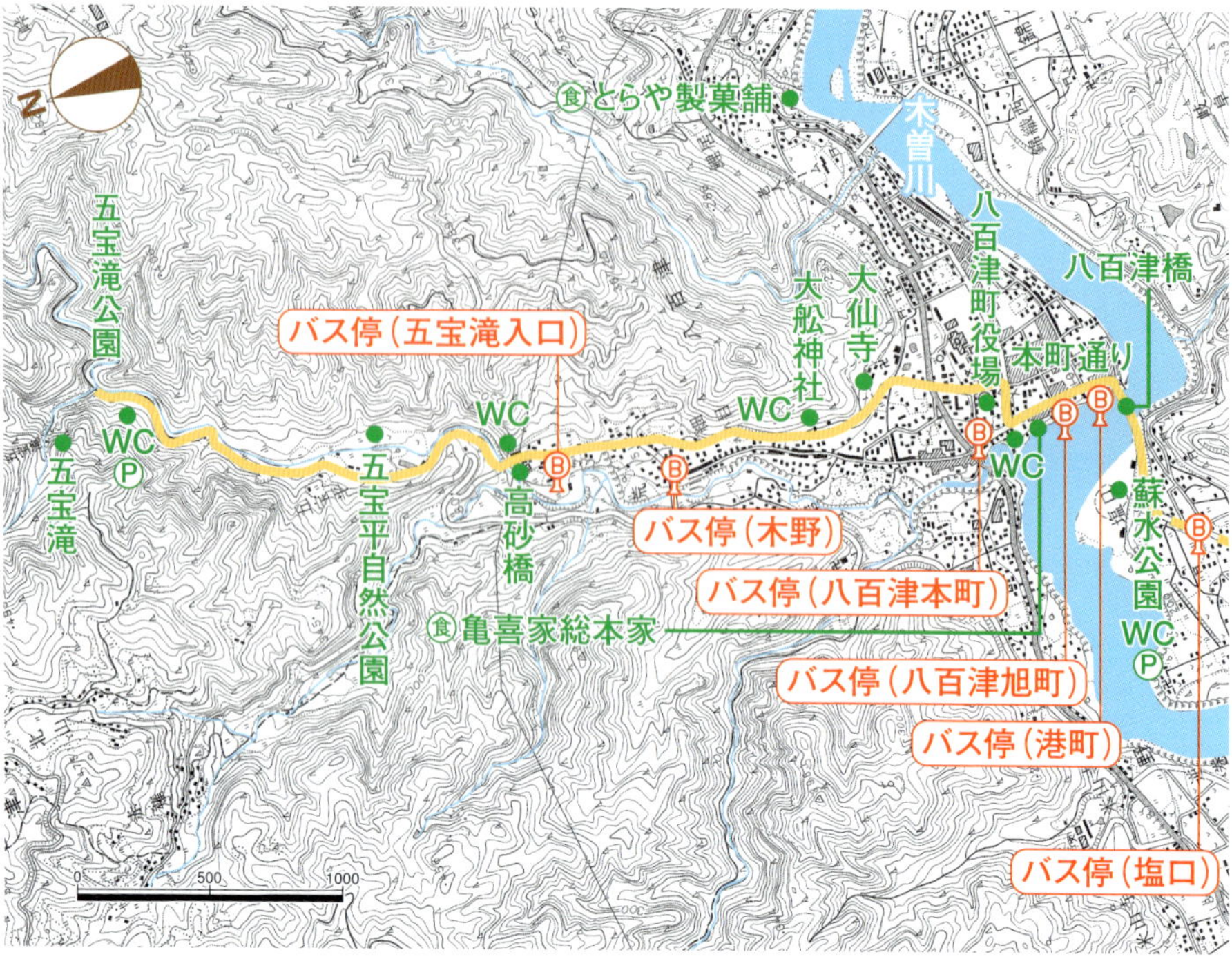




**■コースタイム（5.5km）**

八百津駅（0.4km・5分）蘇水公園（0.3km・5分）八百津橋（0.9km・15分）大仙寺（0.4km・5分）大船神社（3.2km・60分）五宝滝公園（0.3km・15分）五宝滝

**■25,000分の1地形図：**「御嵩」「河岐」

**■交通アクセス**

往路：八百津バス停

復路：五宝滝入口バス停

**■問い合わせ先：**

八百津町産業振興課　0574-43-2111

**■食事：**

亀喜総本家　0574-43-0147　八百津

とらや製菓舗　0574-43-0258　八百津

慢の品だ。

## 武蔵修行の大仙寺へ

本町通りの十六銀行とひときわ大きな土蔵の間を右に曲がり、町役場を左折して国道４１８号を渡る。すると、宮本武蔵が修行をしたといわれる大仙寺に着く。

武蔵は29歳の時に巌流島決戦で佐々木小次郎に勝利した後、剣だけではなく無我の境地を体得するために禅修行を行っていた。そんな折、師の沢庵和尚に紹介されたのが大仙寺の第八世住職の愚堂国師だった。

椿門をくぐり石段を上がると、直径１mほどの表面が平らになった座禅石がある。これは、武蔵が三日三晩、石上で座禅を組んでいた石だ。

強い者にあこがれる男の気持ちで修行風景をイメージし

大仙寺の座禅石

ていると、幼い姉妹の二人がすたすたと座禅石に走り寄って座った。

「むさしが考えてるの」

とおねえちゃんが頬づえをついて首をかしげて、同じように妹も頬づえをついた。後から追いついてきたおじいちゃんは顔をゆるませて孫たちを写真におさめていた。

　大仙寺を後にして、毎年4月の第1土・日曜にだんじり祭りが行われる赤い鳥居の大船神社を過ぎると、景色は里山の雰囲気が深まっていく。緑のなかに古めかしい味噌蔵が見えてくる。明治後半から営業をしている味噌平醸造だ。お願いをして拝見させてもらうと暗い蔵のなかには見上げるほどの樽がいくつも並んでいた。

　その先の五宝滝入口バス停がある高砂橋から五宝滝までの約2㎞は少しずつ高度を上げながら単調な舗装路歩きがつづく。民家も自販機もなくなりバスも走っていない。水分や食料は充分に携帯をしておこう。途中の五宝平自然公園には栗林があり、秋には栗拾いの人々がたくさん訪れるそうだ。

## 五宝滝をめぐる山道

　高砂橋から30分ほど歩いて五宝滝公園に着く。透きとおったせせらぎ沿いの細道を上がっていくと「武蔵の広場」がある。3mもありそうな巨大な武蔵の二刀流に構えた肖像のレリーフパネルが飾られている。

　さらにせせらぎ沿いの細道をあがって武蔵渓谷の五宝の滝をめざそう。五宝の滝は一の滝44m、二の滝23m、三の滝13mと合わせて80mの大瀑流で、二天の滝、円明の滝が加わり五宝滝といわれている。

　山道をしばらく歩くと東屋があり一の滝、二の滝、三の滝が見渡せる。中央には赤い太鼓橋が映え、あたりを一望できる。垂直の斜面をびっしりと深い木々が覆う。このあとの急な登りにそなえ、この滝が落ちる音を耳に響かせ、体内にマイナスイオンを充満させながら東屋でしっかり体を休めよう。

　ここからは登山道も細くなり滝のそばへ近づくので、くれぐれも足下には注意して歩かねばならない。太鼓橋を渡ると二の橋の真下になり、見上げると迫力に圧倒される。滝つぼに跳ねかえる水しぶきが細かい粒子となって全身にふりかかる。

　三の滝を見ながら横の急坂にかかった階段を上がる。高所が苦手な方には油断できない道がつづく。息があがってきたころ、あたりの森林が見渡せる頂へ出る。下り坂も道は細いので息を整えてから気をつけて下りたい。

　小さくかしこまった二天の滝と武蔵が滝に打たれた円明の滝を行く。静かに瞑想にふけりながら滝に打たれたことだろう。木陰の涼しさが下りの疲れを癒す。武蔵の修行ぶりを頭に描きながら自らもヒーロー気分になって駆け出してしまいたくなるようなコースだ。

21
可児市兼山町

# 森蘭丸の里めぐりのみち

## 信長の小姓・森蘭丸の誕生地を訪ねてみよう

●4.4km　みどころ――森蘭丸兄弟の墓、金山城跡、蘭丸ふるさとの森

難易度……★★

蘭丸ふるさとの森

### 森蘭丸のふるさとへ

　ここは戦国時代の武将、森蘭丸の生誕の地である。蘭丸は織田信長の側近として仕え寵愛を受けたが、17歳の時、本能寺の変によりに短い生涯を閉じた。機転がきき、美しい容姿を持ち、武勇にも優れていたそうだ。

　兼山郵便局前のバス停を下りると関所をモチーフにした集落の入り口があり、森蘭丸の人形が迎えてくれる。

　ほどなく森蘭丸の父である森可成《かじょう》を奉っている森家菩提寺の可成寺に着く。可成は「鬼武蔵」と呼ばれる勇猛な

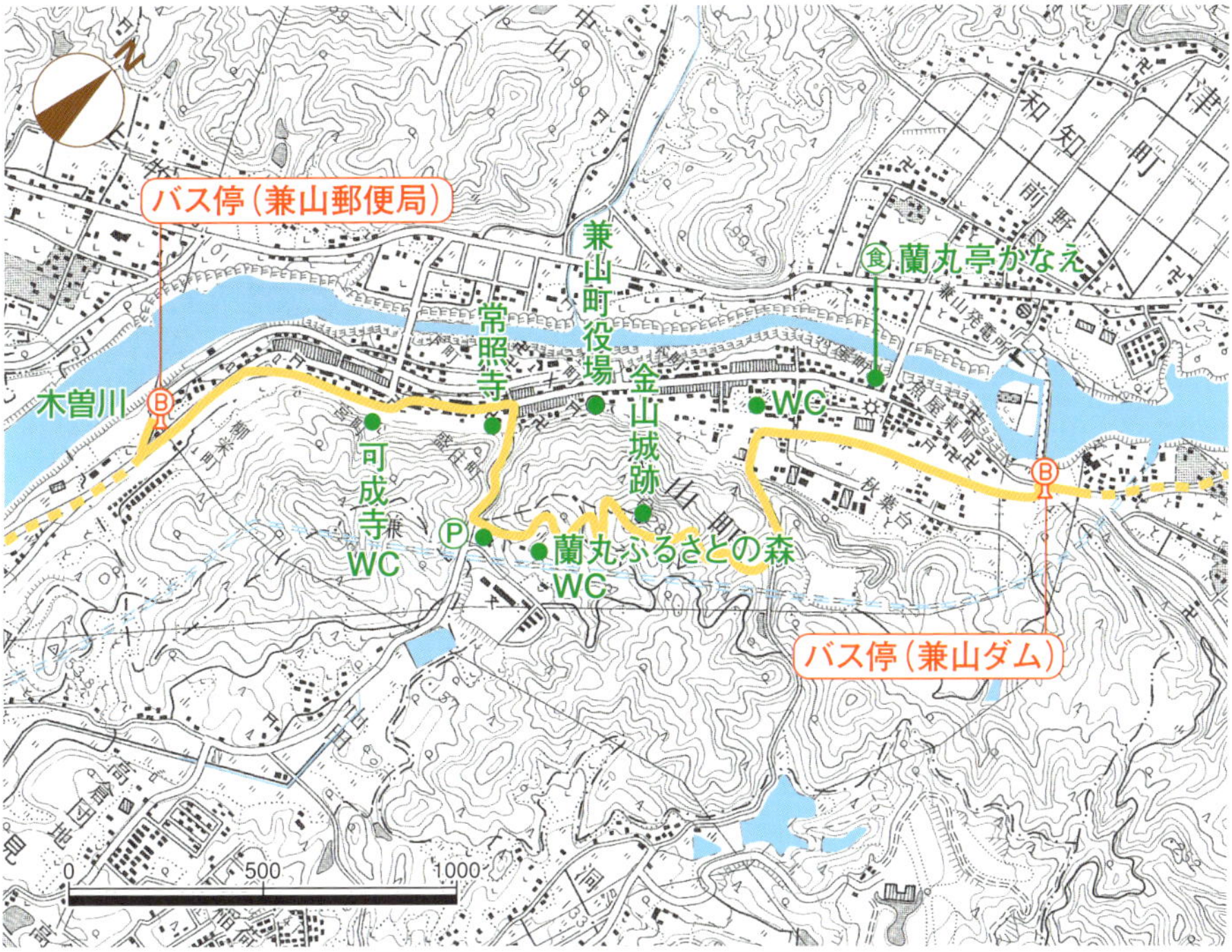


**■コースタイム（4.4km）**
兼山郵便局前バス停（1.4km・20分）蘭丸ふるさとの森（1.2km・25分）金山城跡（1.8km・30分）兼山ダム

**■25,000分の1地形図：**「美濃加茂」

**■交通アクセス**
往路：兼山郵便局前バス停
復路：兼山ダムバス停

**■問い合わせ先：**
兼山町産業建設課　0573-59-2111

**■食事：**
蘭丸亭かなえ　0574-59-2543　兼山

武将だった。境内から廃線を渡って裏山の墓地へ向かうと、白い壁にかこまれている森家7人の墓がある。そこには、可成とその父、可成の長男と次男、三男の蘭丸、そして同じく信長に仕え、本能寺で討ち死にした四男の坊丸、五男の力丸が眠っている。

　可成寺をさらに東へ進むと蘭丸の母である妙高尼の画像や、蘭丸が愛用した槍の穂先を保管している常照寺がある。

森家菩提寺の可成寺

登城の路

## 蘭丸ふるさとの森

常照寺の交差点を右折して、舗装路をしばらく登ると、中部北陸自然歩道の大きな案内図と「蘭丸ふるさとの森」の第1駐車場がある。サツキ、シダレザクラ、キンメツゲなどが植林された、せせらぎ沿いの遊歩道を登っていく。

町章をかたどった植木を過ぎて、蘭丸産湯の井戸がある広場に着く。ここからは兼山町が見渡せて眺めがいい。広場には無料のバーベキュー・ハウスがあり、予約なしで使用することができる。

金山城跡に向かう「登城の径」を登っていく。この道は整備されて歩きやすい土の道で、途中の坊丸広場には大きなアスレチック施設がある。お城の石垣を登るような気分で大人も楽しめる。山肌の古城山千本桜にはサクラやカエデが植えられており、花見の名所となっている。展望台に物見の櫓《やぐら》があり、いっそう眺めがよく気持ちのいい風が吹き抜ける。

## 町を見下ろす金山城跡

登城の径を登るにつれて、遠くの景色まで見渡せる。左に出丸跡の石垣があり、ここから敵の状況を見下ろした。南に尾張富士、可児川を挟んで御嵩《みたけ》町、可児《かに》市の田園が広がって見える。

出丸跡からだんだんと城跡の雰囲気が漂い、さらに登っていくと、三の丸門跡には礎石が残っている。あたりはカシの照葉樹が囲んでいて、緑が目にやさしい。

二の丸跡の周囲には二の丸門、侍屋敷、物見櫓の跡が土塁で盛り上がっている。天守閣跡の入り口には敵の侵入を防ぐために、３～４ｍの石段囲いがあったそうだ。敷地は東西２１３ｍ、北面19ｍ、南西17・２ｍであり、５月ごろに白い花を咲かす樹齢３００年の県指定記念物、ヤマナシが目に留まる。

天守閣は残っていない。それは、１６００（慶長５）年に徳川家康の命で天守閣、諸櫓をすべて取り壊して、木曽川を下って愛知県犬山市にある犬山城の増築、修復に利用したからだ。犬山城は国宝となっており、現存では最古の天守閣を持つ。

天守閣からは北側の急斜面を下っていく。丸太の階段が整備されているのでゆっくり下ろう。４００ｍほどを下った分岐点には東屋がある。ここからは兼山町を眺めることができる。分岐点を右に杉ヶ洞搦手道を下り、途中に「アジサイのせせらぎ」と名づけられた小池を渡る。

下城後は約２kmの車道を歩いて、終点の兼山ダムバス停へと到着する。蘭丸の出生地の探訪と眺めのいい山歩きが楽しめる道だ。

金山城跡

22 恵那市

# 中山道十三峠のみち

## 歌人・西行の伝説が残る中山道を歩いてみよう

●3.5km　みどころ——西行硯水公園、西行塚、槙ヶ根一里塚、桜百選の園

難易度……★★

### 中山道の宿場町、恵那

恵那は中山道の宿場町であった。さらに、平安時代の歌人の西行《さいぎょう》が晩年に庵を結んで住んだという伝説が残っている。

起点のJR中央本線恵那駅の観光案内所でパンフレットを入手して歩こう。駅から中央通りを南へ歩き、和菓子屋の菊水堂がある銀座通り交差点を、東西に交差する一車線の道が中山道だ。右折して細い商店街の路地をゆく。家々に屋号が掛かり、宿場町の面影がのこる。

旧中野村の庄屋を務めた、

桜百選の園の芝生

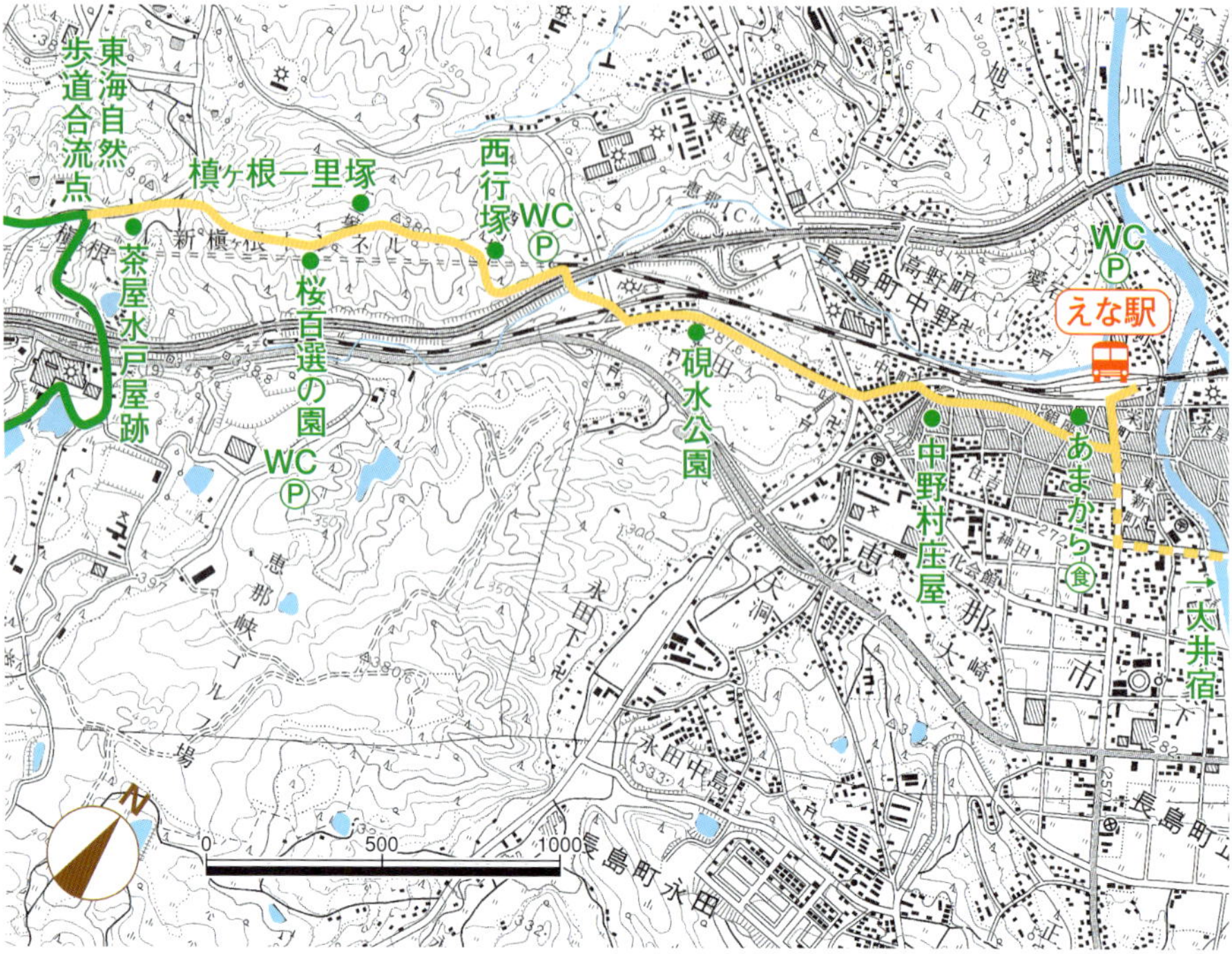




■コースタイム（3.5km）

恵那駅（1.5km・20分）硯水公園（0.8km・20分）西行塚（0.5km・10分）西行の森・桜百選の園（0.7km・15分）東海自然歩道合流点

■25,000分の1地形図：「恵那」

■交通アクセス　往路：JR中央本線・恵那駅
復路：—

■問い合わせ先：

恵那市商工観光課　0573-66-1111

■食事：

あまから　0573-25-3029　大井町

■温泉：

恵那ラヂウム温泉　0573-25-2022　大井町

■宿泊：

恵那ラヂウム温泉　0573-25-2022　大井町

立派な黒壁の本酒屋の家が建っている。開き戸、庭園、十畳二間続きの奥座敷のある旧家だ。屋敷の右隣には、板をはめて洪水を防ぐ石柱が残されている。江戸時代には近くの永田川が氾濫したが、この石柱が浸水を防いだ。

余談だが、恵那駅から東には大井宿とよばれる宿場町が残る。中山道六十九次のうち、46番目の宿場で、敵の侵入を防ぐために道が直角に曲がる桝形という独特の町並みをしていた。最盛期には四十五軒余の旅籠《はたご》があったといわれている。大井橋そばの大津屋には名物の栗きんとんが並ぶ。

## 西行伝説の地

永田川にかかる長島橋を渡って、坂の上交差点からはしばらく交通量の多い車道の歩道をゆく。歩道を500m歩

西行塚には五輪塔が建つ

西行硯水公園

いて中野新田にある西行硯水公園に着く。小さな公園から桜の木が大きく枝を伸ばしている。硯水と呼ばれる小池があり、西行がこの池の水を使って硯に墨をすったという伝説が残っている。ここには、西行の句碑がある。

「道の辺に　清水ながるる　柳かげ　しばしとてこそ　立ちどまりづれ」

　西行は平安時代から鎌倉初期にかけての歌僧である。23歳で出家、陸奥から四国、九州まで諸国を旅した。「新古今集」では最高の94首が入首されている。江戸時代の俳聖、松尾芭蕉は西行ファンのひとりだ。

　JR中央線の踏切の手前に姫街道の案内板がある。中山道は別名を姫街道といわれ、江戸末期、将軍家へ嫁ぐ公家の皇女・和宮が通行したことでその名がついた。その踏切を渡り、先の中央自動車道の高架をくぐる。

　林のなかの西行坂とよばれる石畳を30mほど上っていくと、小高い丘の西行塚に着く。あたりには句碑が点在している。

　伝説によれば、西行が晩年、恵那に立ち寄った際に、金色の光を放つ阿弥陀如来が見えたため竹林庵を結んで住んだが、ある日死期を悟り、村人に今の西行塚の場所に葬るように頼んだという。

　そして、丘の上にはスギの木にかこまれて村人たちが西行のために建てたといわれる五輪塔が建つ。高さが１・３mほどあり、県内でも有数の大きさを誇る。奥には東屋があり、北東方面に恵那の山々や町並みが見える。

　西行塚からさらに急な石畳の坂を３００mほど上っていく。途中には中山道の解説板と道標が立ち、この道は文化庁の「歴史の道百選」にも選定されている。

　こんもりと大きく盛り上がる高さ３・５m以上の槙ヶ根一里塚があり、江戸から数えて88番目にあたる。一里塚は一里（約4km）ずつ築かれ、旅人のための里程標となった。

## 西行の森・桜百選の園

　一里塚から先の一帯は、西行の森・桜百選の園になっている。14・８haの広大な土地に１３６本もの多種多様のサクラが植えられ、ウコン、ヨ

桜百選の園

コハナサクラ、サクヤヒメ、スズミサクラなど、開花時期には多くの花見客の目を楽しませてくれる。

「桜百選の園」の碑から南には芝生広場があり、奥には日本百名山の恵那山が遠くに見え展望が素晴らしい。芝の上に寝ころんで空を眺めると、時がゆるやかに感じられる。

　砂利道から交差点を直進して、二車線の県道に合流する。茶屋槙本屋跡と茶屋水戸屋跡とつづく。この先も茶屋がつづき、一帯を槙ヶ根立場といい江戸時代には休憩所としてずいぶんと繁盛したそうだ。

　恵那市槙ヶ根地区の東海自然歩道（恵那コース）の合流地点に着く。南側には槙ヶ根石仏群がある。東海自然歩道は、東京都八王子市の明治の森・高尾国定公園から大阪府箕面市の明治の森・箕面国立公園を結ぶ全長１６９７kmの自然歩道だ。

園内には碑が立っている

23
中津川市

# 奥恵那峡と青邨記念館へのみち

## 中津川の領主・苗木遠山家を訪ねる歩き旅に出よう

●5.7km　みどころ――桃山公園、奥恵那峡、前田青邨記念館 、苗木城跡

難易度……★★

### 恵那山を望む苗木城へ

　モデルコースを歩きだす前に、少し外れて国道２５７号を北上し、１本目を右折して苗木城を目指す。青邨《せいそん》記念館を過ぎて、苗木遠山家の資料を中心に苗木領と苗木城についての貴重な資料を展示している苗木遠山史料館を右折する。風呂屋門から石畳を登り、散策道をしばらく歩くと、大手門ともよばれる風吹門跡にあたって苗木城跡に入る。あたりはちょっとした広場のようにひらけていて、左手には矢を射るための大矢倉跡の石垣が残っている。

恵那山と木曽川の遠望

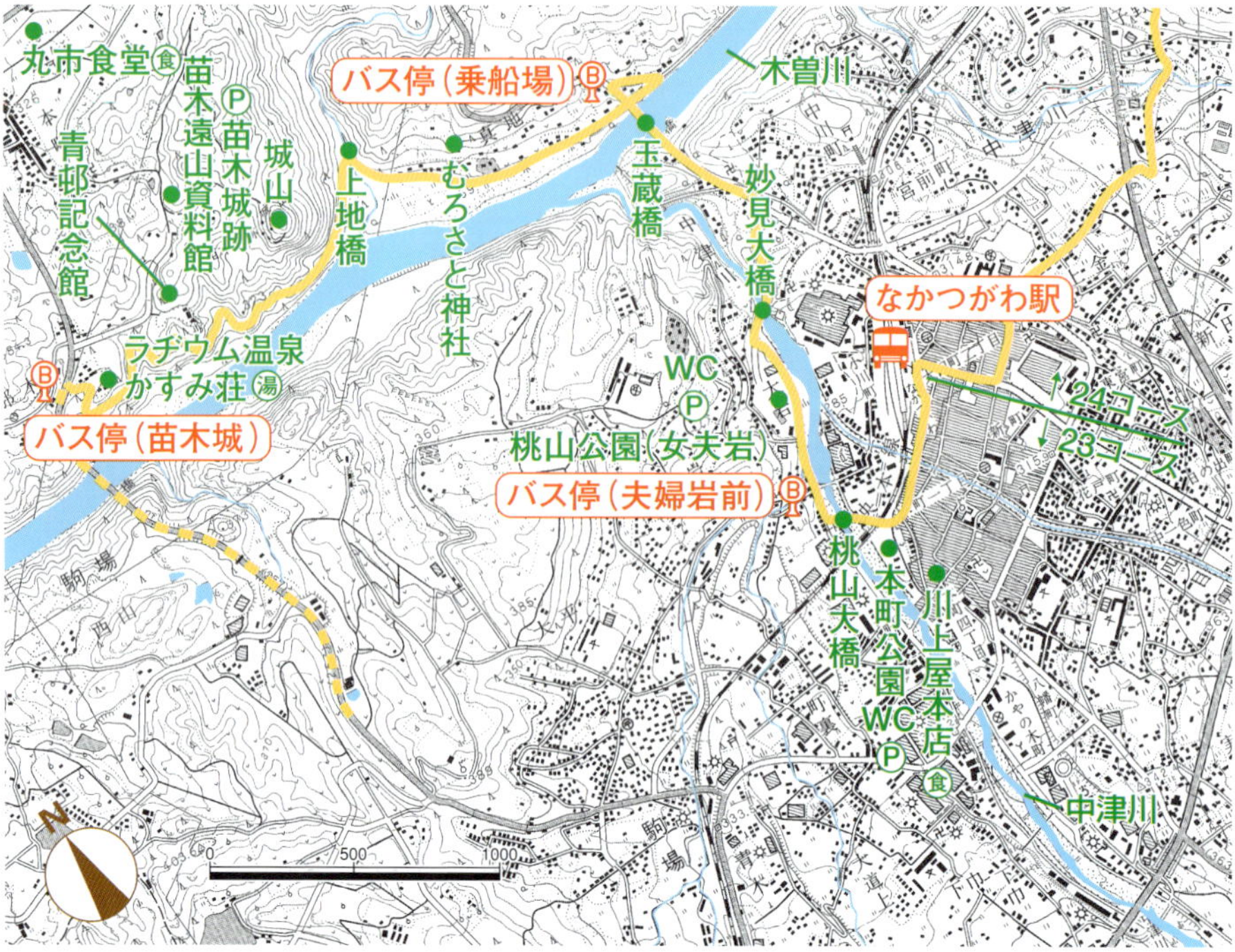


■コースタイム（5.7km）

苗木城バス停（1.8km・30分）上地橋（1.3km・20分）乗船場バス停（1.6km・25分）桃山公園・女夫岩（0.4km・7分）本町公園（0.6km・10分）中津川駅

■25,000分の1地形図：「美濃福岡」「中津川」

■交通アクセス

往路：苗木城バス停

復路：JR中央本線・中津川駅

■問い合わせ先：

中津川市観光課　0573-66-1111

■食事：

川上屋本店　0573-65-2072　本町

丸市食堂　0573-65-3979　苗木

■温泉：

ラヂウム温泉かすみ荘　0573-66-5674　苗木

■宿泊：

ラヂウム温泉かすみ荘　0573-66-5674　苗木

見事な石垣が残る大矢倉跡

苗木城は、南下の木曽川を天然の要害として突出した岩山を巧みに利用した近世の山城だ。中世、苗木遠山家が築き、織田家や武田家と姻戚関係を結んで勢力を広げた。関ヶ原合戦後には1万石余りの領地を賜った。

場内で最も大きかった正門の大門跡を過ぎる。領主が参勤交代の出立時など大きな行事以外は門を開けず、普段は左側にあった潜り戸を通行していた。二の丸礎石群を右手に見ながら散策道を登っていく。

　本丸に登って行くほど、岩は高さ３ｍはゆうに越えるほどに大きくなっていく。馬洗い岩を抜けると天守閣のあった本丸跡がある。恵那山が雲の上に頭を出して、とうとうと大河を成す木曽川を見下ろす絶景地だ。

## 青邨記念館で日本絵画にふれる

青邨記念館

　下城して苗木城バス停に戻るように、苗木遠山家御廟から城山公園を抜けて左に折れると、青邨記念館がある。ここでは、中津川市出身で近代日本美術画壇の重鎮として業績を残した前田青邨の功績を伝えている。青邨は文化勲章受賞のほか、高松塚古墳壁画模写の総監督に委託されるなど活躍し、風神雷神図や家康などに描かれた目はギロッとしていて特徴がある。記念館では本画のほかに多くの下図を収蔵展示していて、日本画の制作過程をうかがうことができる。

## 奇岩・女夫岩《めおといわ》

　国道２５７号に合流して起点の苗木城バス停を左折する（このバス停に止まる便は１日１便しかない）。ラジウム鉱泉「かすみ荘」から木洩れ日の旧道をゆるやかに下っていく。バス停から30分、苗木城の四十八曲り道の入り口に到着する。城内へは標高差約１５０ｍの急峻な道がつづく。本丸まで48回も曲がるためにこの名がついたそうだ。

　上地橋からしばらく行くとようやく民家が現れ、国道２５７号の玉蔵橋バス停から玉蔵橋を渡る。右手を見ると雄大な木曽川と苗木山を望むことができる。

　妙見大橋を渡り中津川沿いの桃山公園に着く。園内には子ども科学館や遊技場があるため、子どもたちの楽しげな声が聞こえる。ここには、女夫岩なる奇岩がある。つまり男性と女性の象徴の形をした岩なのであるが、夫岩が高さ８ｍの周囲24ｍ、女岩が高さ４ｍの周囲30ｍ、と思いのほか巨大でたじろいでしまう。家庭円満を願う夫婦が訪れてくるそうだ。

　木製の女夫橋、つづいて桃山大橋を渡った先の本町公園には小グランドやＳＬ列車が展示してある。ＪＲ線と並行するように５００ｍほど歩いて中津川駅に到着する。中山道以外の魅力が感じ取れるコースだ。

奇岩の女夫岩

24
中津川市

## 今も昔の面影を残す中山道

中津川市は県内東部に位置して、中津川宿は江戸板橋より中山道44番目の宿場町だ。木曽路馬籠への南の入り口にあたり、木曽や飛騨、美濃の文化の合流地として栄えてきた。また、中山道のなかでも宿がきわだって多く、商業の中心地であった。駅前通りを南に向かって歩くと、新町交差点と交わって延びる道が中山道だ。左折して細道をゆく。

町並みのはずれに高札《こうさつ》場が立っている。高札場とは、主に江戸時代に法度や禁令、犯

# 中山道落合の石畳を訪ねるみち

### 十曲峠の石畳から木曽路の入り口へと歩いていこう

●6.1km　みどころ――落合の石畳、落合本陣跡、木曽路の碑、与板の立場

難易度……★★★★

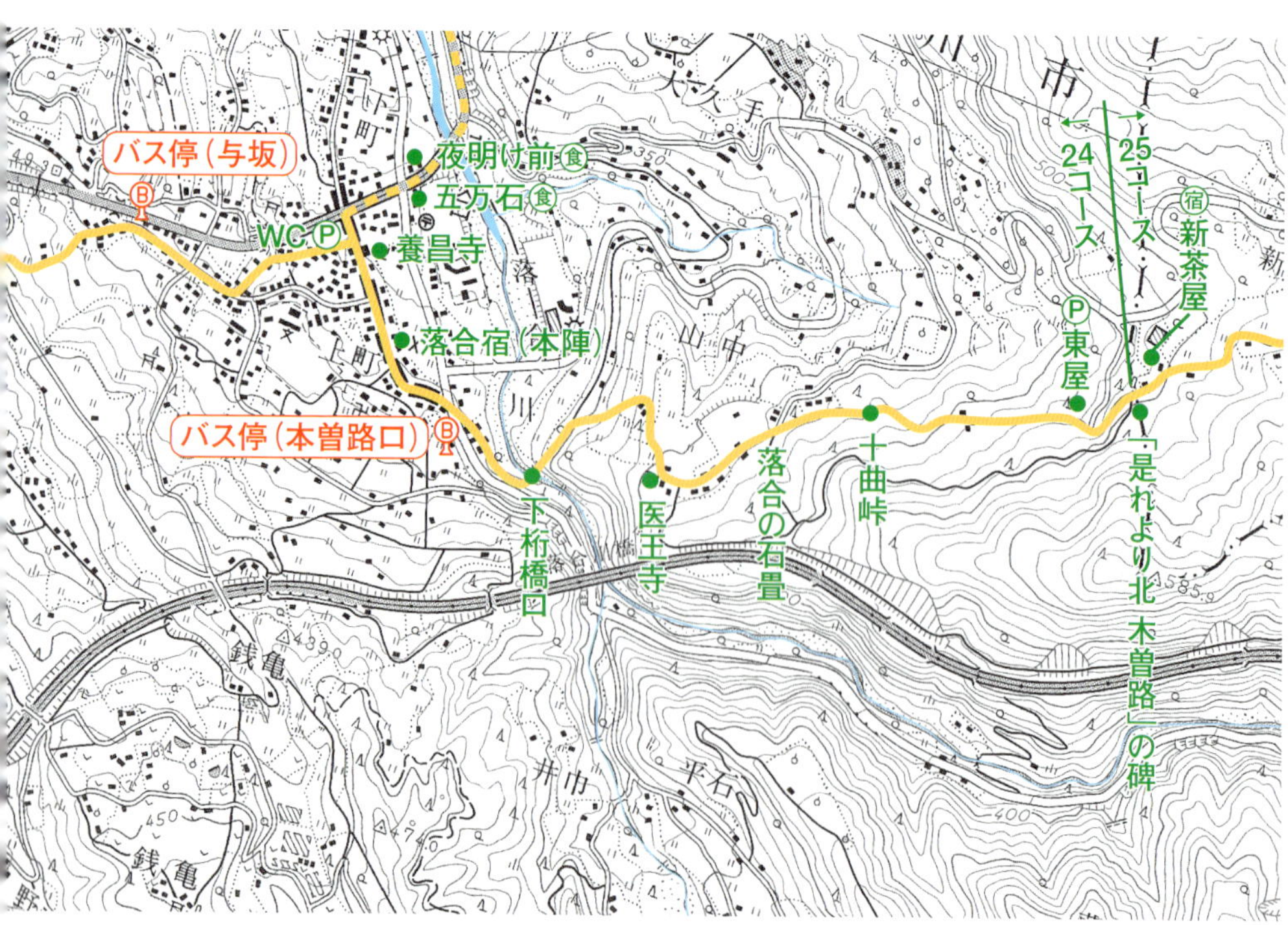

落合宿・本陣

罪人の罪などを記して一般に告知するために板の札を、町辻や広場などに高く掲げていた場所である。古めかしい書体は時代を感じさせる。

国道257号を歩道橋で渡り、道標にしたがって左折し坂を上る。短い石畳を上ると芭蕉の句碑が立っている。小高い坂を上ると、石仏群といくつもの句碑が立つ旭ヶ丘公園があり、ここからは中津川

**■コースタイム（6.1km）**

中津川駅（0.7km・15分）旭ヶ丘公園（3km・60分）落合宿・本陣（1km・20分）医王寺（0.3km・5分）落合の石畳（0.3km・5分）十曲峠（0.8km・20分）「是より北　木曽路」の碑

**■25,000分の1地形図：**「中津川」「妻籠」

**■交通アクセス**

往路：JR中央本線・中津川駅

復路：木曽路口バス停

**■問い合わせ先：**

中津川市観光課　0573-66-1111

**■食事：**川上屋駅前店　0573-66-1372

夜明け前　0573-69-4830　落合

五万石　0573-69-3501　落合

**■温泉：**

クアリゾート湯舟沢　0573-69-5000　神坂

**■宿泊：**

中津川温泉ホテル花更紗　0573-69-5111　神坂

新茶屋　0264-59-2619　馬籠荒町



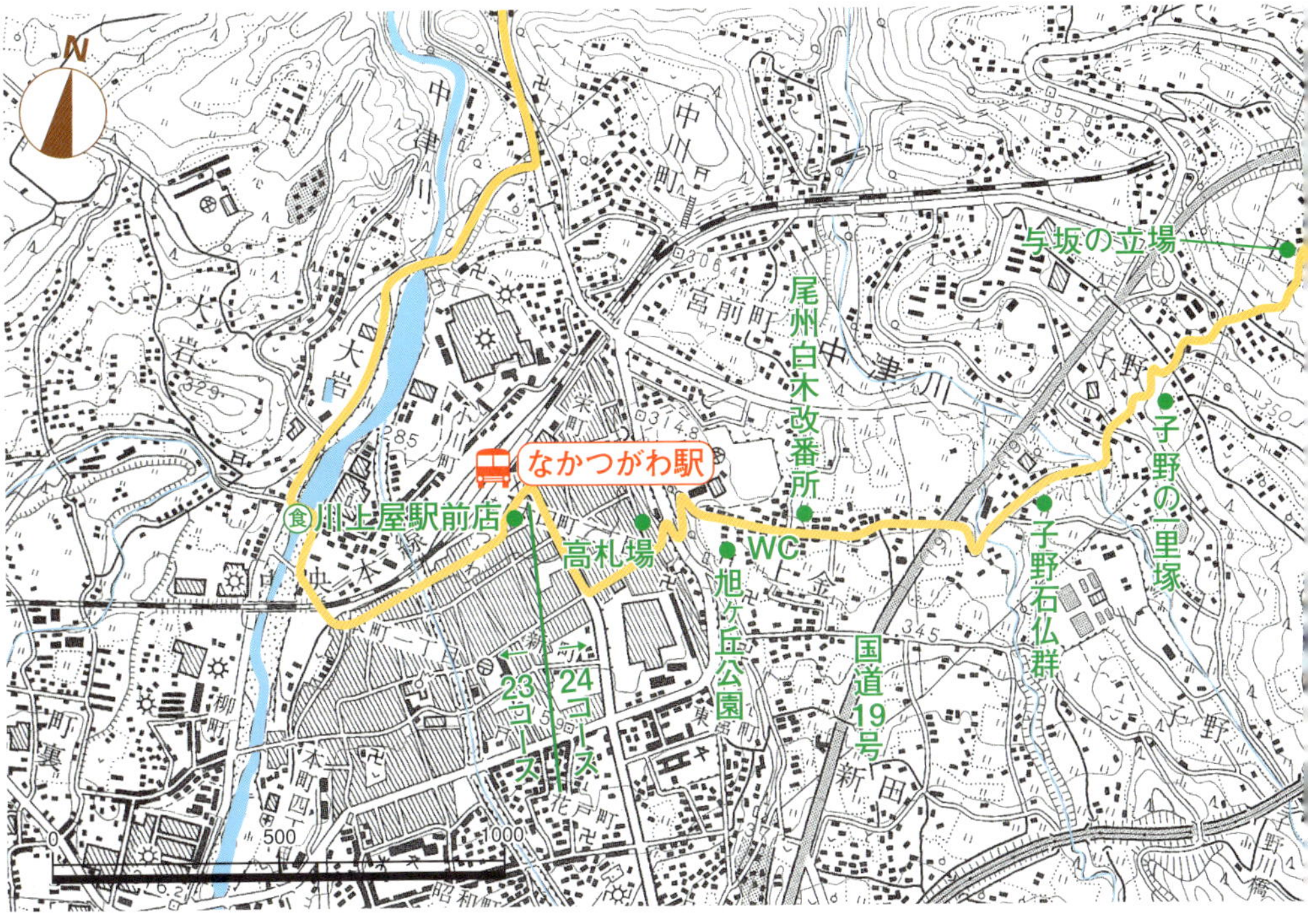

の町並みが一望できる。

## 旧本陣が現存する落合宿

旭ヶ丘公園から3km先の落合宿を目指す。整備された舗装路をだんだんと下っていく。尾州白木改番所跡を過ぎて、国道19号を地下道でくぐる。地蔵堂橋を渡ると民家の間に子野《この》石仏群がある。

高札場

勾配のきつい坂を下り、子野の一里塚から今度は前方の与坂の山に向かって坂を上っていく。視界が開け、与坂の立場の跡がある。立場とは街道の間の休憩所のことで、与坂の峠には越前屋が営んでいた。なるほど、眺めがいい。

くねくねと細い坂道を下っていくと、右手の南東の方角には恵那山が見える。国道19号手前の与坂バス停を右に曲がり、突き当たりの養昌寺には路上に飛び出した大きな松が生えている。根回り2m30cmの名木だ。

旭ヶ丘公園から50分ほど歩いて、落合宿の本陣に到着する。美濃にあった16宿のうち旧本陣が唯一そのまま現存し、まるで翼を広げたかのように左右に塀がつづく立派な門構えをしている。これは、1815年（文化12）年3月の大火の後に、定宿としていた加賀藩の前田家から贈られた由緒ある門だ。

## 難所の石畳が残る十曲峠

上町の常夜灯を過ぎる。常夜灯は一晩中灯りを絶やさず旅人の目印となった。木曽路口バス停と落合宿の高札場から左の細い脇道へ入っていく。下桁端口を渡り、きつい坂を上る。

シダレザクラが咲く中山薬師の医王寺に着く。本尊の薬師如来は僧行基《ぎょうき》の作と伝えられている。江戸時代には、街道を行き来する人々に、刀傷によく効く「きつね膏薬《こうやく》」を売っていたという。

いよいよ約800mが復元された落合の石畳へと入っていく。石畳は、大雨による道のぬかるみを防ぐために、自然石を敷き詰めて整備をした。十曲峠はスギ林の中をいくども曲がりながら上っていく。途中の茶屋の前にはウォータークーラーが設けられていて、自由に水が飲める。上りで熱くなってきた体を冷やそう。木陰は涼しくて気持ちがいい。

石畳の終わりにある東屋から200mほど歩けば、かつての岐阜と長野の県境だ。2

中山薬師の医王寺

十曲峠の苔むした石畳

005年2月に長野県山口村は越県合併をした。ここには島崎藤村の筆による「是より北　木曽路」の碑がある。1940年7月、当時68歳だった藤村が地元の要請によって筆で記したものだ。目の前には民宿の新茶屋が建っている。

この先、中山道はさらに険しい木曽路へと入っていく。島崎藤村は著書『夜明け前』のなかで、木曽路のことを「木曽路はすべて山の中である」と表現している。まさに、ここは緑の山々にかこまれた中にある。

「是より北　木曽路」の碑

25
中津川市

# 藤村をしのぶ文学と歴史のみち

## 島崎藤村ゆかりの馬籠宿を散策しよう

●4.4km　みどころ——藤村記念館、馬籠宿、馬籠峠 、子規展望台

難易度……★★★

### 「是より北　木曽路」

馬籠出身の文豪、島崎藤村が筆で記した「是《これ》より北　木曽路」の石碑が立つ新茶屋から馬籠宿を目指して歩いていく。北に向かって神坂を少しずつ上っていき、木曽の山間へと入っていく。

やがて東屋が立ち、俳人・正岡子規の句碑がある展望台に到着する。「桑の実の　木曽路出づれば　穂麦かな」は1891（明治24）年に子規が学年試験を投げ打ち、松尾芭蕉の俳諧紀行文『更科紀行』を踏査するためこの地を訪れた際に詠んだ句だ。この場所



子規展望台。中津川の町並みを見晴らす

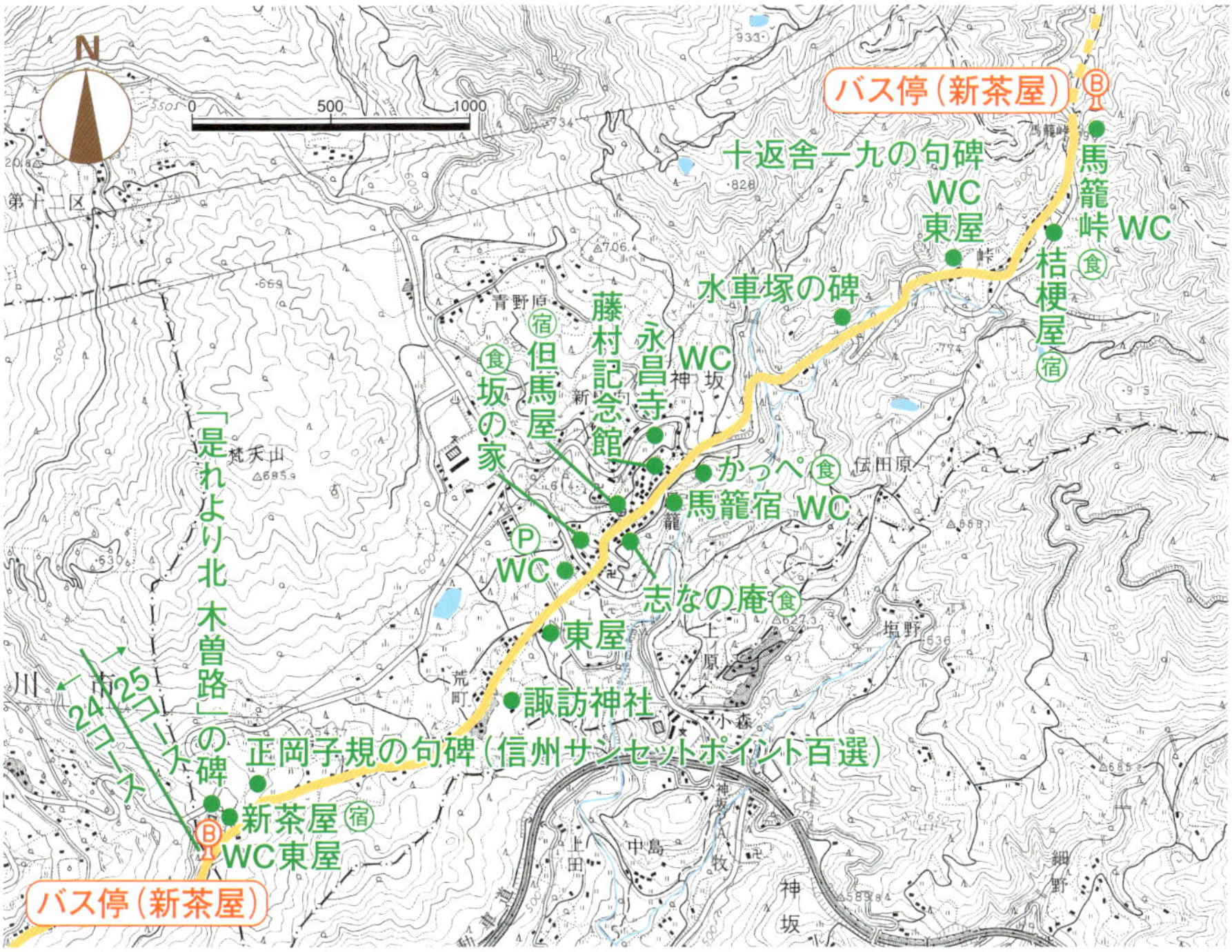


■コースタイム（4.4km）

「是より北　木曽路」の碑（2.1km・30分）

馬籠宿（2.3km・60分）馬籠峠

■25,000分の1地形図：「妻籠」

■交通アクセス

往路：新茶屋バス亭

復路：馬籠峠バス停

■問い合わせ先：

中津川市山口総合事務所 産業振興課

0573-75-2126

■食事：

喫茶かっぺ　0264-59-2604 馬籠

志なの庵　0264-59-2066　馬籠

坂の家　0264-59-2148　馬籠

■温泉：

クアリゾート湯舟沢　0573-69-5000　神坂

■宿泊：

いろりばた　0264-59-2026　馬籠

但馬屋　0264-59-2048　馬籠

桔梗屋　0264-59-2420　馬籠峠

みやげ屋が街道沿いを彩る

は西に中津川の町並みや苗木城跡、はるか笠置《かさぎ》山を見渡すことができる。夕日も素晴らしく、「信州サンセットポイント百選」に選ばれている。

道中に点在する荒町集落の民家には、細い角材を碁盤の目のように組み合わせた格子窓がある。昔の山村の趣があり、屋号がかかる質素な民宿もある。集落から丸山の坂と

新茶屋の一里塚

よばれる下りになり、右手に諏訪神社の石の鳥居が見える。神社から藤村の祖先が警護した丸山城跡を過ぎる。

東屋がある交差点から石屋坂を上ると、観光客で一気に人通りが多くなる馬籠《まごめ》宿に着く。

## 藤村ゆかりの馬籠宿

馬籠宿は江戸から43番目の宿場町で標高６００ｍの高地に位置する。約８００ｍの急傾斜に町は栄え、みやげ屋や民宿がつづく。敷石の整備された道を上っていく。敵の侵攻を妨ぐための直角に折れ曲がった枡形の道と水車小屋を過ぎる。

黒い板塀と冠木《かぶき》門の元本陣跡に建てられた藤村記念館に着く。藤村記念堂や藤村の祖父母の隠居所、ビデオコーナーに関連資料など約６０００点を所蔵している。裏手にある永昌寺には島崎家の墓があり、藤村の著書『夜明け前』では万福寺の名前で登場する。

馬籠宿の東はずれにある陣場地区には民宿と食事どころの但馬屋が建ち、右手には高札場が復元されている。その先の広い展望台がある馬籠上陣場では、東の方角に標高２１９１ｍの恵那山のなだらかな形容までが見事に展望できる。

## 牛方の町から馬籠峠へ

展望台から1軒の民家の脇を抜け、木段を下って県道7号の車道に合流して歩道を行く。じきに見えてくる「右中山道」の石の道標を右に下っていく。足場は地道で一部に石畳の風情が残る。

やや急な傾斜の森のなかを登っていくと、水車が回る水車塚の碑に着く。そこから、島田川のせせらぎが聞こえる梨ノ木坂を上る。途中の清水バス停付近のほか、県道7号の車道を渡る箇所がいくつかあるので注意が必要だ。

その後、アスファルト舗装された旧道の細道を上ると、戯曲作家の十返舎一九の句碑がある。一九は１８１９（文政2）年『木曽街道・続膝栗毛』の執筆にあたって中山道を旅した。この時に、ここにあった茶屋で栗おこわを食べた。句碑にある、「渋皮のむけし女は見えねども　栗のこはめし　ここの名物」とは、あまりの美味しさに詠んだ句だ。

現在は広い屋根の東屋やきれいなトイレが整備された休憩所になっている。ここは標高700ｍを越えて、吹き抜ける風が心地よい涼を運んでくれる場所だ。

引き続き上っていくと、民家や土間がある民宿桔梗屋がならぶ峠集落に着く。かつて集落の人々は牛を使って荷物を運ぶ牛方を稼業としており、荷物は美濃の今渡（現在の岐阜県可児市）から長野の善光寺あたりまで運んでいた。

集落のはずれに鎮座するスギ木立に囲まれた熊野神社を通過し、スギ林の細道を抜けると大きな車道の県道7号に合流する。すぐに長野県との県境の標高790ｍの馬籠峠に到着する。峠に1軒建つ茶屋では昔ながらの郷土料理の信州そばやおやきを食べることができる。

ここから5・5㎞先に長野県南木曽町の妻籠宿がある。

馬籠峠の峠の茶屋では信州そばを味わえる

馬籠宿

十返舎一九の句碑

26 中津川市坂下町

## 樹齢1000年のスギがそびえる大洗磯前神社

坂下駅からバスで坂下町内を抜け、カーブの多い坂道を上がり、椛の湖を左に見ながら薬師口バス停で降りる。

三叉路を東へ向かい短いスギ林を抜ける。すると視界には広々とした田園風景が広がり、それを眺めながら大洗《おおあらい》磯前《いそまえ》神社に着く。スギの高木のなかに総ケヤキ造りの立派なお堂が立つ。ここには、室町時代につくられた薬師如来像が安置され、人々の信仰を集めている。お堂の奥には樹

# 磯前神社大杉を訪ねるみち

### 椛の湖から優美な木曽の山々を間近に見ながら歩いていこう

●7.2km　みどころ――椛の湖、磯前神社、坂下神社

難易度……★★★



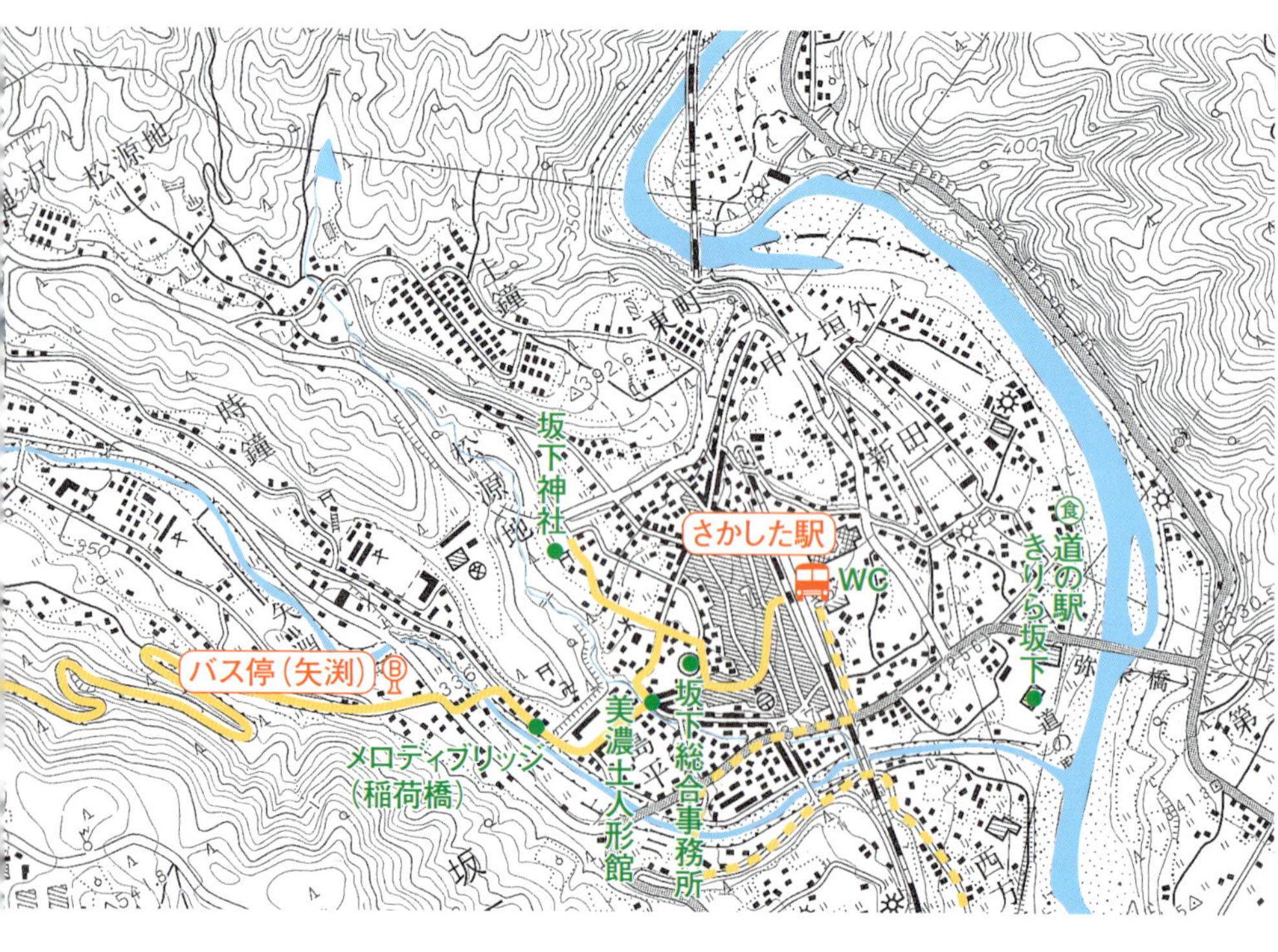

花馬まつりが行われる坂下神社

■コースタイム（7.2km）
大洗磯前神社（1.4km・20分）椛の湖（5.0km・60分）坂下神社（0.8km・15分）坂下駅

■25,000分の1地形図：「妻籠」「三留野」「付知」

■交通アクセス
往路：JR中央本線・坂下駅
復路：薬師口バス停

■問い合わせ先：
中津川市坂下総合事務所
産業振興課　0573-75-2111

■食事：
椛の湖オートキャンプ場　0573-75-3250

■宿泊：
椛の湖オートキャンプ場　0573-75-3250

齢1000年を越える高さ50mの見事なスギがそびえている。スギにはワイヤーで倒木を回避する手段が取られており、歴史の長さが伝わってくる。神社の石段は苔《こけ》むしているため、雨上がりの日の歩行は注意が必要だ。

## ハナノキにかこまれた椛の湖

大洗磯前神社から再び短いスギ林をもどり、薬師口バス停がある三叉路を左に折れて、1・5km先の椛《はな》の湖を目指す。途中には県指定天然記念物のハナノキ群落地がある。ハナノキはハナカエデとも呼ばれ、春、新葉に先立って紅色の小花を咲かせる。本州中部の山地の湿地を好む珍しい広葉樹だ。

標高560mの高原の一角にあり、湖畔にオートキャン

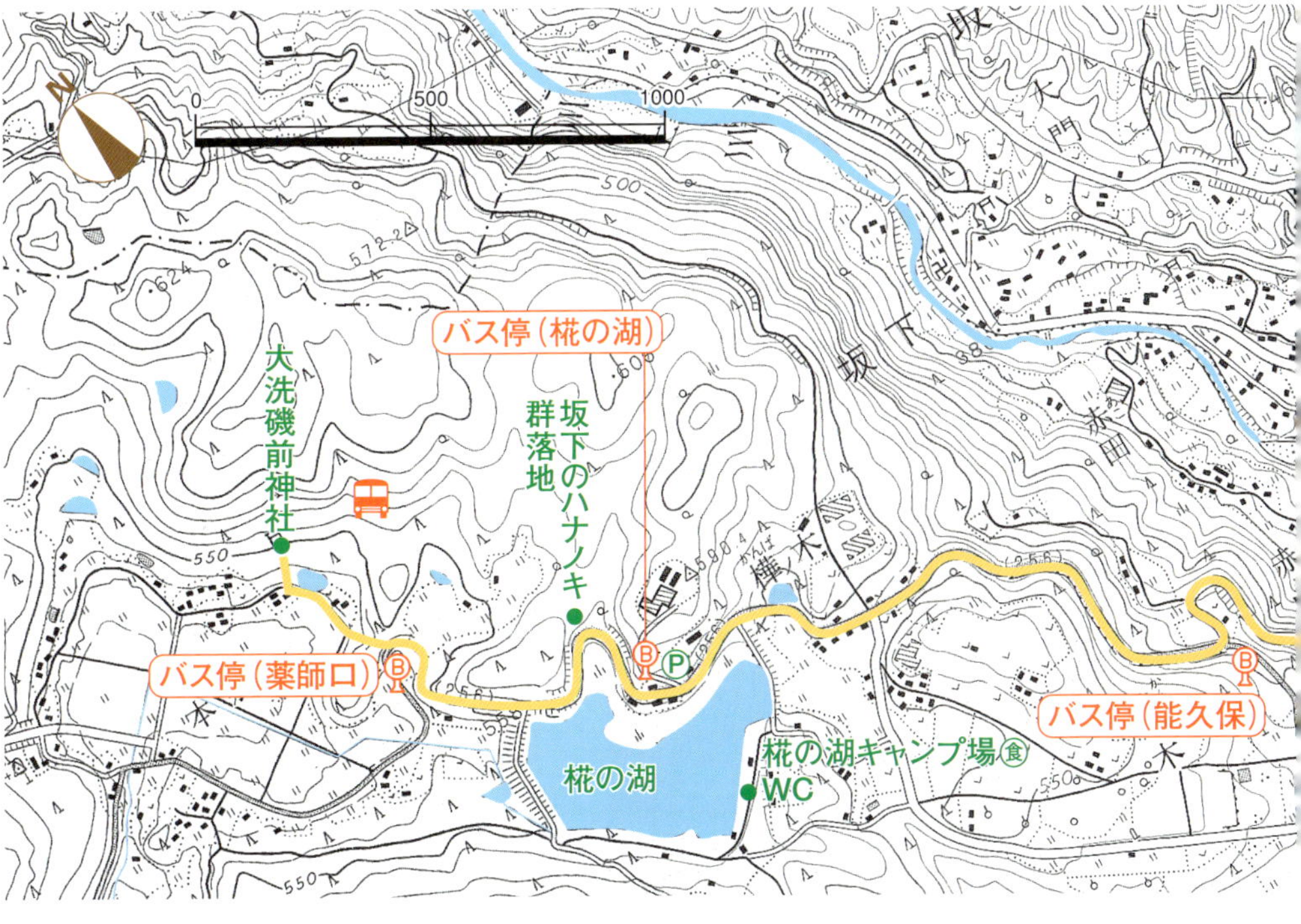

樹齢1000年の大スギがのびる磯前神社

プ場が整備された椛の湖に着く。夏には釣り場で子どもたちがさおを垂らし、広場では若者たちがフリスビーを楽しむ。春にはサクラが咲き乱れ、桜祭りが行われる。秋には湖畔周辺のハナノキが紅葉して来る人の目を楽しませる。

民家を抜けて能久保バス停の分岐を左へ下っていく。ここからしばらくは下りのカーブの車道を進んで行く。遠方には木曽の山々の連なりが見える。しかし、車道なのでカーブではとくに車には注意が必要だ。また、舗装路の下りでも、ひざや足首を痛めることがあるので、時間があえば湖の先の樺ノ木バス停から矢渕バス停までバスを利用してもいいだろう。

## 花馬走る坂下神社

坂を下って矢渕バス停から県道3号を渡って、すぐ左折して細い路地から川上川を渡る。左に稲荷山公園を見渡す場所にメロディブリッジといわれる稲荷橋がある。欄干に鉄琴が備え付けてあり保育園児がめったやたらに奏でている。子どもたちには、遊び道具のひとつだ。橋を渡って、坂下保育園を過ぎる。魚大商店のある三叉路を左へ折れて、細く急な坂をすこし上り、民家の間の狭い道をゆく。

交差点を左へ曲がって坂下神社へ向かう。神社では、毎年10月の第2日曜日に、約800年前から伝わる伝統行事「花馬まつり」が行われる。人々が馬の鞍いっぱいにつけられた造花を取りあう勇ましい祭りで、取った花を田畑や神棚に供えると、五穀豊穣と無病息災がかなうといわれている。

参道をもどり直進して宮ノ前農村児童公園を過ぎ、役場を左に曲がり坂下駅へと到着する。

椛の湖

27
敦賀市

## 「奥の細道」の気比神宮

JR敦賀駅からバスに乗り、清水1丁目のバス停で下りると、気比《けひ》神宮へ到着する。松尾芭蕉も奥の細道の旅路で訪れている場所だ。市民の間では「けいさん」と呼ばれ、国の重要文化財に指定されている。高さが11mもある鳥居は奈良の春日大社、広島の厳《いつく》島《しま》神社と並び、日本三大鳥居とたたえられている。9月上旬には敦賀まつりが行われ、境内には出店が軒を連ねる。

松尾芭蕉は夜参りした際、遊行二世上人によって白砂が運ばれて以来代々の遊行上人

# 気比の松原と芭蕉を偲ぶみち

### 三大鳥居と三大松原を訪ねるウォーキングに出かけよう

●8.0km　みどころ――気比神宮、金ヶ崎宮、気比の松原

難易度……★★★

日本三大松原の気比の松原

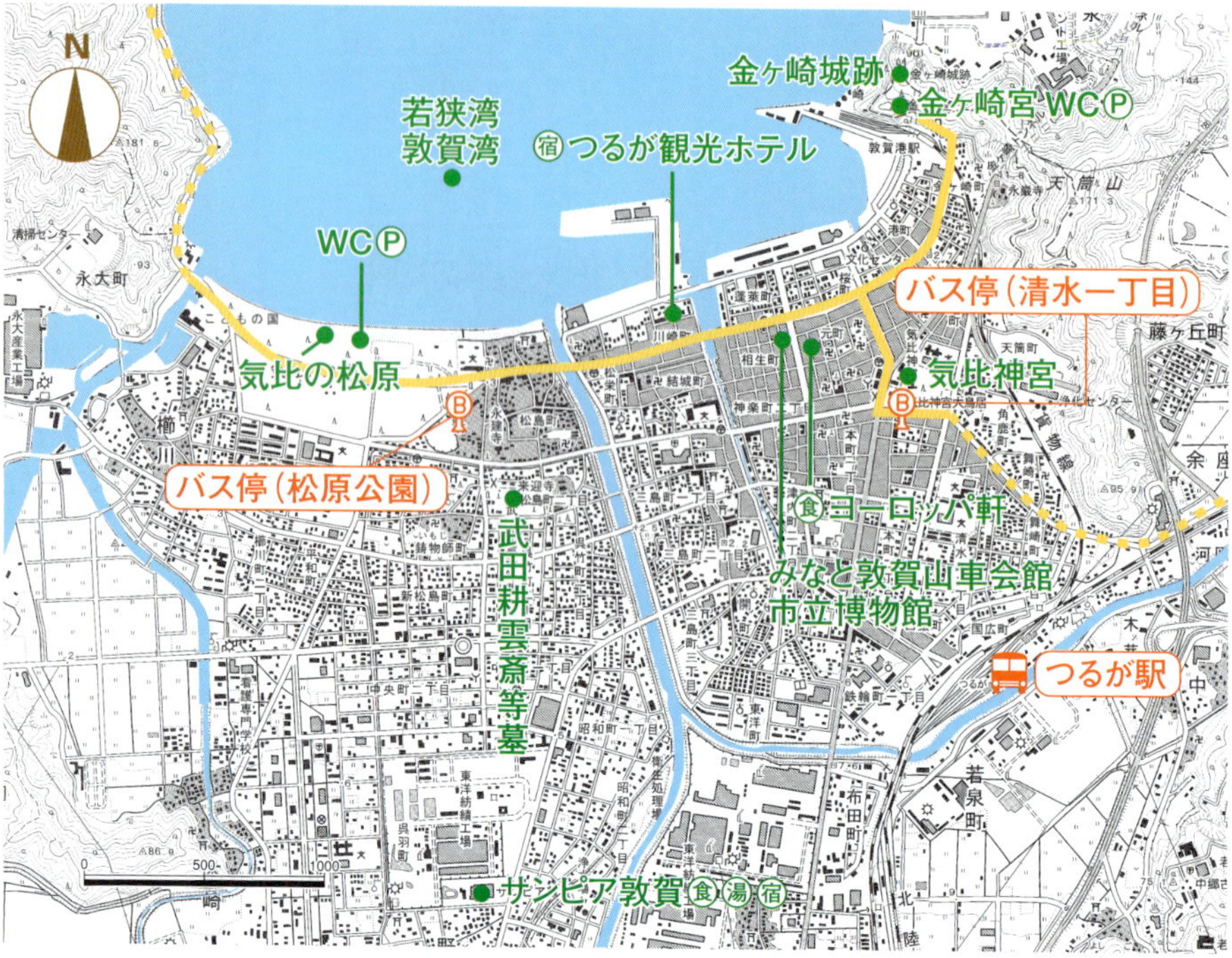


■コースタイム（8.0km）
清水町１丁目バス停（0.3・5分）気比神宮（1.4km・25分）金ヶ崎宮（0.6km・10分）金ヶ崎城跡（3km・50分）気比の松原（2.7km・45分）清水町１丁目バス停

■25,000分の1地形図：「敦賀」

■交通アクセス　往路：清水町１丁目バス停
復路：清水町１丁目バス停

■問い合わせ先：
敦賀市商工観光課　0770-22-8128

■食事：
サンピア敦賀　0770-24-2111　呉羽町
ヨーロッパ軒　0770-22-1468　相生町

■温泉：
サンピア敦賀　0770-24-2111　呉羽町
敦賀きらめき温泉リラ・ポート
0770-24-1126　高野

■宿泊：
敦賀観光ホテル　0770-22-0063　川崎町
サンピア敦賀　0770-24-2111　呉羽町



が砂を運び続けていると聞き、「月清し　遊行のもてる　砂の上」と詠んだ。

参詣路を進むと芭蕉が左手に網笠を携え、右手で杖をついている像に出会える。神苑には長命水が湧いている。702（大宝2）年に湧き出したといわれ、後祭神が無病息災や延命長寿の神であることから長命水とよばれるようになった。

気比神宮

## 〝難関突破と恋の宮〟
### 金ヶ崎宮

金ヶ崎宮の境内へとつづく91段の石段

松尾芭蕉像

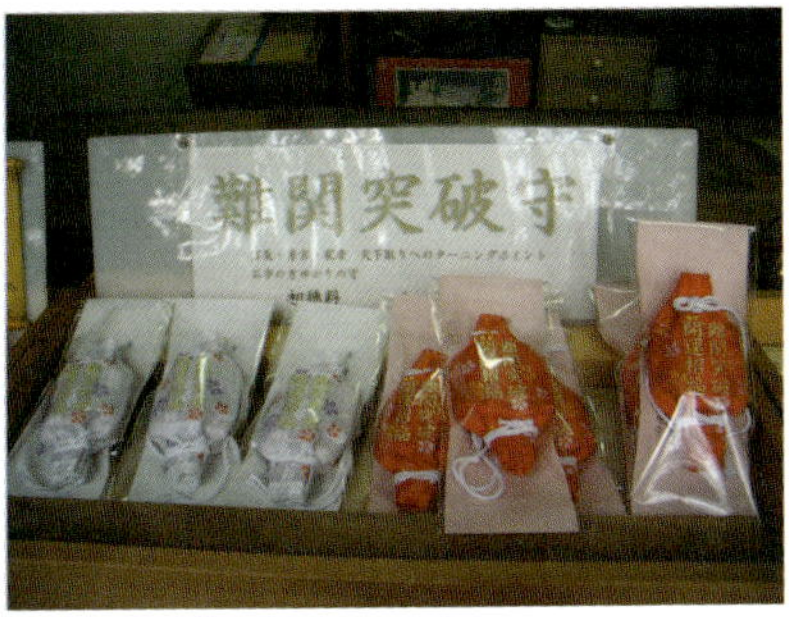

難関突破守

気比神宮の前の国道8号から元町交差点を敦賀湾に向かって左折し、ひとつ目の信号を右折して直進する。海側に金ヶ崎園地を見ながら、貨物の敦賀港線の線路を渡ると、敦賀港駅と整備された駐車場とトイレがある。駅には港によく似合うレンガ造りのレトロなランプ小屋が建ち、駐車場の奥の金前寺には芭蕉の句碑と鐘塚がある。

その先に、〝難関突破と恋の宮〟とよばれる金ヶ崎宮がある。本宮まで１５０ｍ、91段の石段がつづき、石段の下には「幸福の階段を駆け上がれ　神様はきっと願いを聞いてくださいます」と看板がたつ。お宮にはカップルや女性の参拝客が多く訪れている。女子高生の一団もおみくじの結果を楽しそうに話していた。

この土地は、信長、秀吉、家康の三英傑にとっては天下取りへの分岐点になった場所である。１５７０（元亀元）年の戦国の世。織田信長は越前の朝倉義景を討伐のため、敦賀に進軍し金ヶ崎城を落として陣を構え、越前に攻め入ろうとしていた。

ところが、妹のお市の夫である近江の浅井長政の裏切りにより、越前の朝倉氏と浅井氏に挟まれ急遽退却せざるをえなくなった。お市は夫の策略を兄に知らせるために、両方をひもで結んだ袋に小豆を入れて信長に届けた。この時に金ヶ崎城に残り殿《しんがり》を務めこの窮地を救ったのが木下藤吉郎、のちの豊臣秀吉であった。これにより信長や徳川家康は難関を脱して京都へ逃げのびることができた。その2カ月後、信長軍は近江姉川の合戦で浅井・朝倉連合軍を打ち破るのである。

境内では危機を救った、ゆかりの両絞りのお守りが難関突破守として売られている。

金ヶ崎宮の左手より約２００ｍの海岸線沿いに「花換《はなかえ》の小道」がのびる。ここからは敦賀港一帯や山々、さらには気比神宮やこれから向かう気比の松原を見渡すことができる。境内の桜が咲く4月の約10日間は花換祭が行われる。桜の小枝を交換した男女が心をときめかせて将来を確かめあったといわれる幸せの道。これが恋の宮ともよばれる由縁である。この日も仲むつま

4月に花換祭が行われる金ヶ崎宮

じきカップルが手をつないで歩いていた。

## 日本三大松原の気比の松原

敦賀湾を平行するように西へ二車線の舗装路を戻って歩いていく。気比の松原へ通じるこの道の脇には桜並木がつづいている。春にははなやかに彩ることだろう。

ひときわ大きな建物である、みなとつるが山車《やま》会館と市立博物館が見えてくる。山車会館は敦賀まつりに使われる室町時代末期から継承されている山車6基を展示、博物館には敦賀の歴史や民俗、美術に関する資料が展示されている。ところどころに昆布屋が点在している。１６２４（寛永元）年創業の敦賀酒造を過ぎて笙の川を渡る。

そこから南に５００ｍほど入ったところに武田耕雲斎の銅像と水戸天狗党の墓がある。１８６４年、武田が率いる水戸烈士（水戸天狗党）が尊皇攘夷を唱えて挙兵するも、敦賀で捕えられ斬首されてしまったことによる。

気比の松原は、民家や旅館の間を抜けて、松原小学校のさきに広がる松林だ。敦賀湾に面して東西約１・５km、南北４００ｍ、面積は約40万㎡もある。静岡の三保の松原、佐賀県の虹の松原とともに三大松原だ。松はアカマツ、クロマツなど約１万７０００千本、なかでも海岸では珍しくアカマツが85%を占める。

夏は海水浴場として家族連れでにぎわう。松林のなかに遊歩道も整備されていて市民の憩いの場となっている。

28 福井市

# 朝倉遺跡と一乗滝のみち

## 一乗谷朝倉遺跡と佐々木小次郎の史跡をたどってみよう

●7.0km　みどころ――朝倉氏遺跡、一乗城山、一乗滝、復元地区

難易度……★★★★★

### 山上の城、一乗谷城へ

越前の山に囲まれた無人駅、JR一《いち》乗《じょう》谷《だに》駅に降りたつと、空気が澄んでいるのを感じる。

一乗谷は福井市街より東南約10kmにある。朝倉氏が戦国の世に100年間の栄華を築き、北陸の小京都とよばれた。また江戸時代の剣豪・佐々木小次郎ゆかりの地でもある。

県道31号の福井県立一乗谷朝倉氏遺跡資料館から、足羽川に沿って歩いていく。資料館では一乗谷遺跡で発掘された出土品や朝倉氏の歴史を紹介している。

JR越美北線の線路を渡り、

一乗城山への登山道

100年の栄華を築いた朝倉遺跡

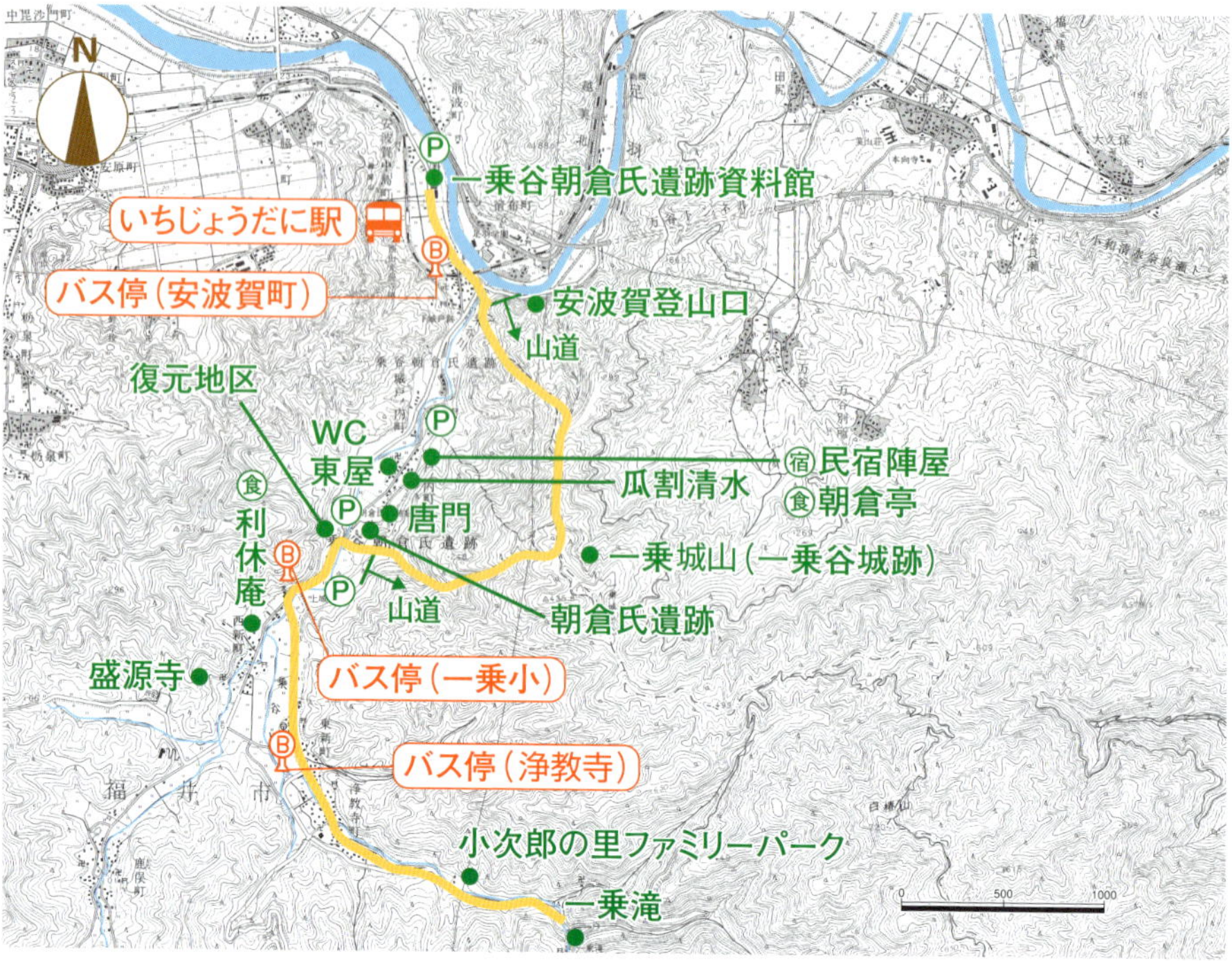




**■コースタイム（7.0km）**

一乗谷駅（0.7km・10分）安波賀登山口（1.9km・50分）一乗城山（1.6km・40分）諏訪館跡（2.8km・60分）一乗滝

**■25,000分の1地形図：**「永平寺」「河和田」

**■交通アクセス**

往路：JR越美北線・一乗谷駅
復路：浄教寺バス停

**■問い合わせ先：**

福井市観光開発課　0776-20-5346

**■食事：**

朝倉の里利休庵　0776-43-2110　西新町
朝倉亭　0776-41-1757　城戸ノ内

**■宿泊：**

民宿陣屋　0776-41-2312　城戸ノ内

一乗谷川にかかる安波賀橋を渡ってすぐ右の小道に入ると、一乗城山《しろやま》への安波賀登山口に至る。畑の脇からのびている山道を武将になった気分で勇んで登ろう。しかし、道のりは長い。

　登り始めて約45分、頂上付近の一乗谷城跡に到着する。海抜４３６ｍの山で、南北に走る尾根５００ｍの範囲に展開する。自然地形をたくみに利用した山城だ。千畳敷には平坦で大きな礎石が残る。か

瓜割清水

庭園跡に立つ唐門

っては、ところどころに敵の侵入をふせぐための砦ややぐら、掘りがほどこされていた。一の丸から二の丸、三の丸とつづくほどに木々は茂り、荘厳な雰囲気になる。

## 栄枯盛衰の朝倉遺跡

戦国時代に朝倉氏は敏景、氏景、貞景、孝景、義景と５代に渡り繁栄した。義景は室町幕府の最後の将軍、足利義昭を招いたこともある。しかし、１５７３（天正元）年、織田信長に近江の浅井長政とともに敗れ、朝倉氏は滅び城下町も焼き討ちに遭い幕を閉じた。

一乗城山の千畳敷から30分ほど下ると、一帯には朝倉氏遺跡と庭園跡が広がっている。遺跡は一乗谷川に沿って帯状に広がる狭い平地と、両側にそびえる広大な山地からなる。敏景の墓の英林塚、諏訪館跡庭園から朝倉館跡へと通じる。

朝倉館跡は第5代当主の義景が住んだ館の跡だ。庭園もふくめて６５００$m^3$ほどの敷地面積がある。三方は土塁と濠《ほり》で囲まれ、館前は広場になっている。こぢんまりとして質素な唐門が建つ。義景の菩提を弔うため、館跡に設けられた松雲院の門だ。堀を渡り、唐門をくぐると広大な館跡庭園、それに整然とした礎石がならび、奥まったところに義景の墓がある。

館跡から湯殿庭園跡に上ると、その海抜63mの高台からは朝倉館跡を見下ろすことができる。あらためて朝倉遺跡の広大さを実感し、栄枯盛衰の物悲しさも同時に感じる。

南陽寺跡庭園の先には瓜割清水がある。当時の儀式や当主の生活用に使われたと考えられる湧き水は、４００年経った現在も地元の人々の生活用水として使用されている。

西側には発掘調査によって朝倉遺跡を復元した地区があり、拝観することができる。土塁でかこまれた居館や武家屋敷、寺院、町屋などの跡が整然とした町並みをつくっている。

## 秘剣つばめ返しの滝

朝倉遺跡から南に向かい、佐々木小次郎ゆかりの一乗滝を目指す。土塁を築いて、高さ5m、幅13m、長さは50mもある城門とした、上城戸を過ぎる。

上城戸小学校の交差点を左折して県道18号を行く。交差点から７００mほど歩くと、神明神社付近に小次郎の師とされる富田盛源の道場跡がある。また、県道の西側には一

佐々木小次郎像

落差12.5mの一乗滝

逢瀬の岩

乗谷の石仏群で有名な盛源寺があり、ここに盛源の墓がある。

集落の道路脇に流れる用水路では、おばちゃんが洗たくや野菜の土を洗い落としている風景に出会えることだろう。

一乗谷川に沿って少しずつ坂を上っていくと、テント広場や園内の森林浴歩道がある「小次郎の里ファミリーパーク」がある。さらに10分ほど歩き、兎禰《とね》橋を渡ると小次郎と恋人のとねが愛を語り合った岩、逢瀬の岩がある。

その奥から落差12・5mもある一乗滝が滝つぼに落ちる音がひびいてくる。朝倉氏歴代の当主も涼を求めて訪れたのだろう。現在、滝のまわりは園地として整備されている。

ここで、小次郎はきびしい修行のもと秘剣つばめ返しをあみだしたといわれる。そして、その年の1612（慶長17）年、宮本武蔵と下関沖の巌流島で決戦し、敗れた。滝の手前には小次郎の銅像がある。その手ににぎりしめた剣は驚くほど長く、立派であった。

29
加賀市

# 山中漆器と渓流のみち

## 加賀の名湯・山中温泉の渓谷ぞいを散策しよう

●3.8km　みどころ――山中温泉・鶴仙渓、あやとり橋と桜公園、こおろぎ橋

難易度……★★

### 伝統工芸山中漆器にふれる

　塚谷バス停から右に白山神社を見て歩き、濃紺のレンガ瓦の建物の山中漆器《しっき》伝統産業会館に着く。山中漆器は１９７５年に国の伝統産業工芸品の産地指定を受け、世界的な工芸品として高い評価を受けている。館内には山中漆器の名品の展示やおみやげ、ロクロの実演やビデオで製造工程の紹介をしている。

　山中温泉本町の交差点を左折する。大正時代を感じさせる重厚な黒谷橋を渡り、広葉

鶴仙渓の遊歩道沿いに小滝

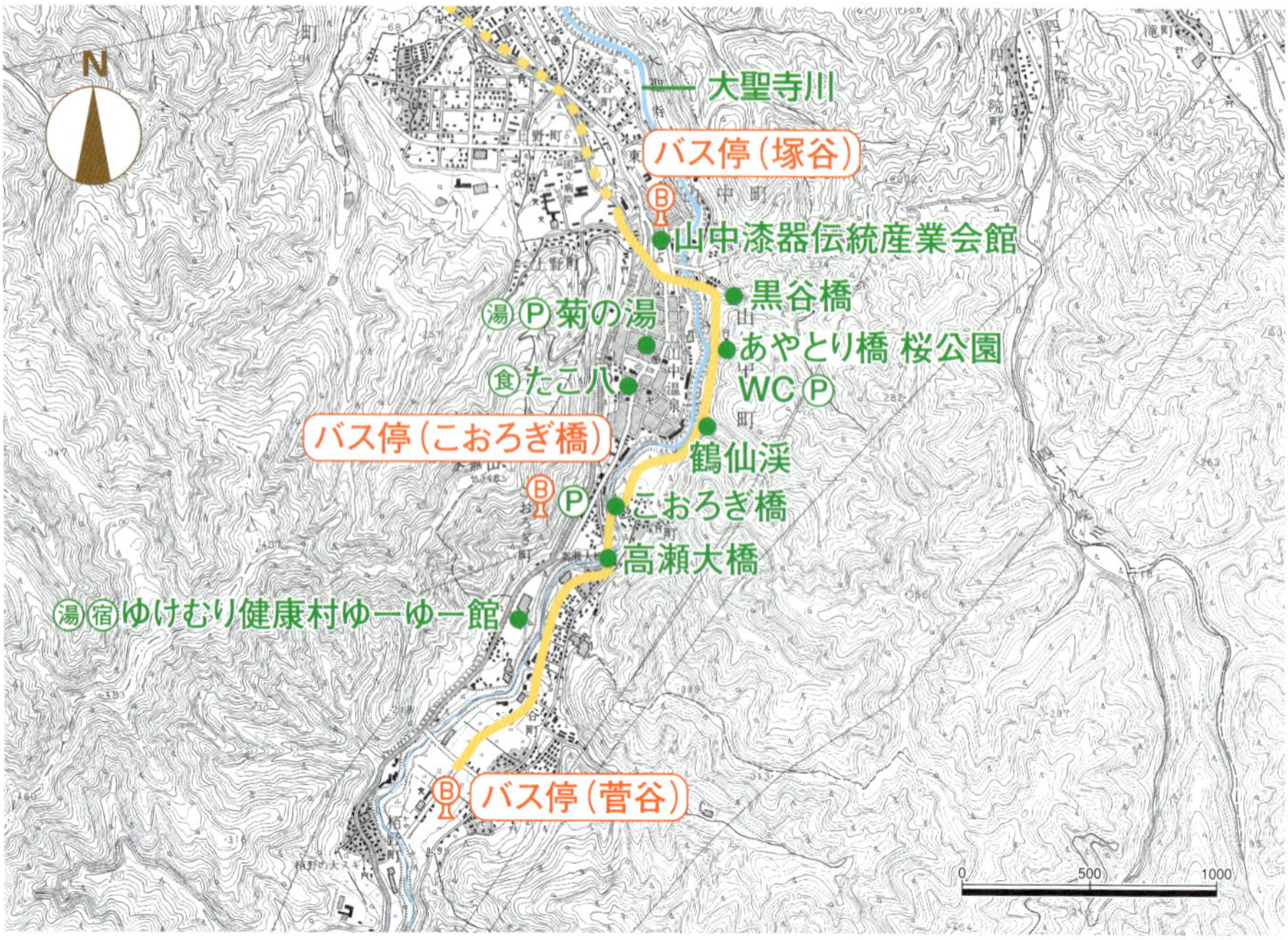


**■コースタイム（3.8km）**
塚谷バス停（0.3km、5分）山中漆器伝統産業会館（0.9km、15分）黒谷橋（0.5km・15分）あやとり橋（0.8km・20分）こおろぎ橋（1.3km、20分）菅谷バス停

**■25,000分の1地形図：**「山中」「越前中川」

**■交通アクセス：**
往路：塚谷バス停
復路：菅谷バス停

**■問い合わせ先：**
石川県自然保護課
自然公園グループ　076-225-1478

**■食事：**たこ八　0761-78-2462　山中温泉湯の本町

**■温泉：**
山中温泉総湯菊の湯　0761-78-1370
山中温泉湯の出町
ゆけむり健康村ゆーゆー館　0761-78-5546
山中温泉こおろぎ町

**■宿泊：**
ゆけむり健康村ゆーゆー館　0761-78-5546
山中温泉こおろぎ町

黒谷橋

樹にかこまれた鶴仙渓遊歩道へ入る。大聖寺川沿いにこおろぎ橋まで遊歩道1・3㎞がのびている。随所に九谷の陶石でつくられた案内板がある。

遊歩道入り口からすぐに素朴な造りの芭蕉堂が建っている。これは、「奥の細道」の道中で山中温泉を訪れた松尾芭蕉を記念して、1910年に芭蕉を慕う全国の俳人によって建てられたものだ。堂内

あやとり橋の奇抜なデザイン

には小さな芭蕉像が座っている。左の小道を上がっていくと東山神社がある。

## 見どころ多い鶴仙渓遊歩道

遊歩道を歩いていくと、右の頭上に曲がりくねった赤いあやとり橋が見えてくる。草月流三代目家元の故・勅使河原宏氏がデザインしたS字型の珍しい橋で、遊歩道に隣接する桜公園から渡ることができる。大聖寺川からは高くて、下をのぞくと足がすくむほどだ。

桜公園は、遊歩道の裏手にあり対岸からは見えない。しかし、園内に入ると木漏れ日の中に見事な苔《こけ》が一面に広がり、とっておきの穴場を見つけたような気分にさせてくれる。庭園や東屋もあり、川のせせらぎを聞きながら一休みするには格好の場所だ。

あやとり橋から西へ200mほど歩くと、山中温泉の共同浴場、菊の湯がある。約1300年前の天平年間（730年代）、僧行基が発見したと伝わる古湯だ。たくさんの文人が山中温泉を訪れている。

緑の瓦を葺《ふ》いた天平風の建物は存在感があり、立ち湯の浴槽は90㎝と深く、大人が入ってもお腹の上まである。源泉をそのまま利用し、胃腸病や皮膚病などに効果がある。「奥の細道」で山中温泉に八泊もした松尾芭蕉は、山中の湯を褒《ほ》め称《たた》えている句を詠んだ。

「山中や　菊は手折らぬ　湯の匂」

薬効のある山中温泉の湯ならば、中国の故事にあるように不老長寿の菊を折って露を飲むまでもない、という意味だ。よほど気に入ったのだろう。

桜公園から道明ヶ淵を過ぎる。遊歩道の脇にはいくつか小滝が落ちてマイナスイオンをはじき出している。大聖寺川は水量多く流れる音が心をなごませ、木々が覆いかぶすように水面を包む。振り返ると、あやとり橋が天空を縫うように曲線を描いている。

川沿いのこの道は、石が敷かれていたり、樹木の根の上を歩いたりと表情豊かだ。ゆるやかに上りと下りを繰り返し、木の幹や山肌を縫いながら歩く。ある時は、遊歩道をさえぎるように幹に苔をまと

遊歩道を歩く

木漏れ日と緑の苔にかこまれた、さくら公園



った大木がのびる。

遊歩道は十分に歩き甲斐がある1・3㎞だ。途中にはベンチやトイレがあり、歩行者にやさしい。ただ、足元は雨天の翌日や天候の悪い日は滑りやすいので気をつけよう。

## 山中温泉にこおろぎ橋あり

鶴仙渓の名勝のひとつに数えられる采石巌に着く。東屋が建ち休憩には最適だ。川べりから石段を上がり、山中漆器の窯元を過ぎて遊歩道を抜ける。

旅館の明月楼がたもとに建ち、総ヒノキの趣のあるこおろぎ橋に着く。山中温泉のシンボルで、ここからの大聖寺川の景色も美しい。その名の由来は、このあたりは岩石が多く行路が危なかったので「行路危《こおろぎ》」といわれる説と、秋の夜に鳴くこおろぎによるものがある。

橋を渡ると岩不動があり、そのまま坂を上って車道に出ると、こおろぎ橋バス停がある。この先、高瀬大橋をわたって二差路を右折して、ホテルや旅館街を右に見ながら20分ほど舗装路を歩いていくと菅谷バス停がある。

こおろぎ橋

30

津幡町

## 倶利伽羅峠のみち

### 倶利伽羅峠から歴史の道百選を歩いていこう

●6.9km　みどころ――くりから古戦場、倶利伽羅不動寺、旧北陸道、森林公園

難易度……★★★★

### 火牛の計のくりから古戦場

　JR倶利伽羅《くりから》駅から東へ約2kmを歩き、倶利伽羅バイパスを抜けて約1kmを南下したところに、くりから古戦場と倶利伽羅不動寺がある。

　この30コースは31コースの富山県小矢部市のルート5・4kmからの続きになっており、あわせて12・3kmの道のりになる。次の31コースの起点である石動駅から歩けば一日で歩ききることができるだろう。

　さて、くりから古戦場は源氏の源義仲が平家を襲撃したところだ。源氏軍は火牛《かぎゅう》の計

歴史の道百選の旧北陸道

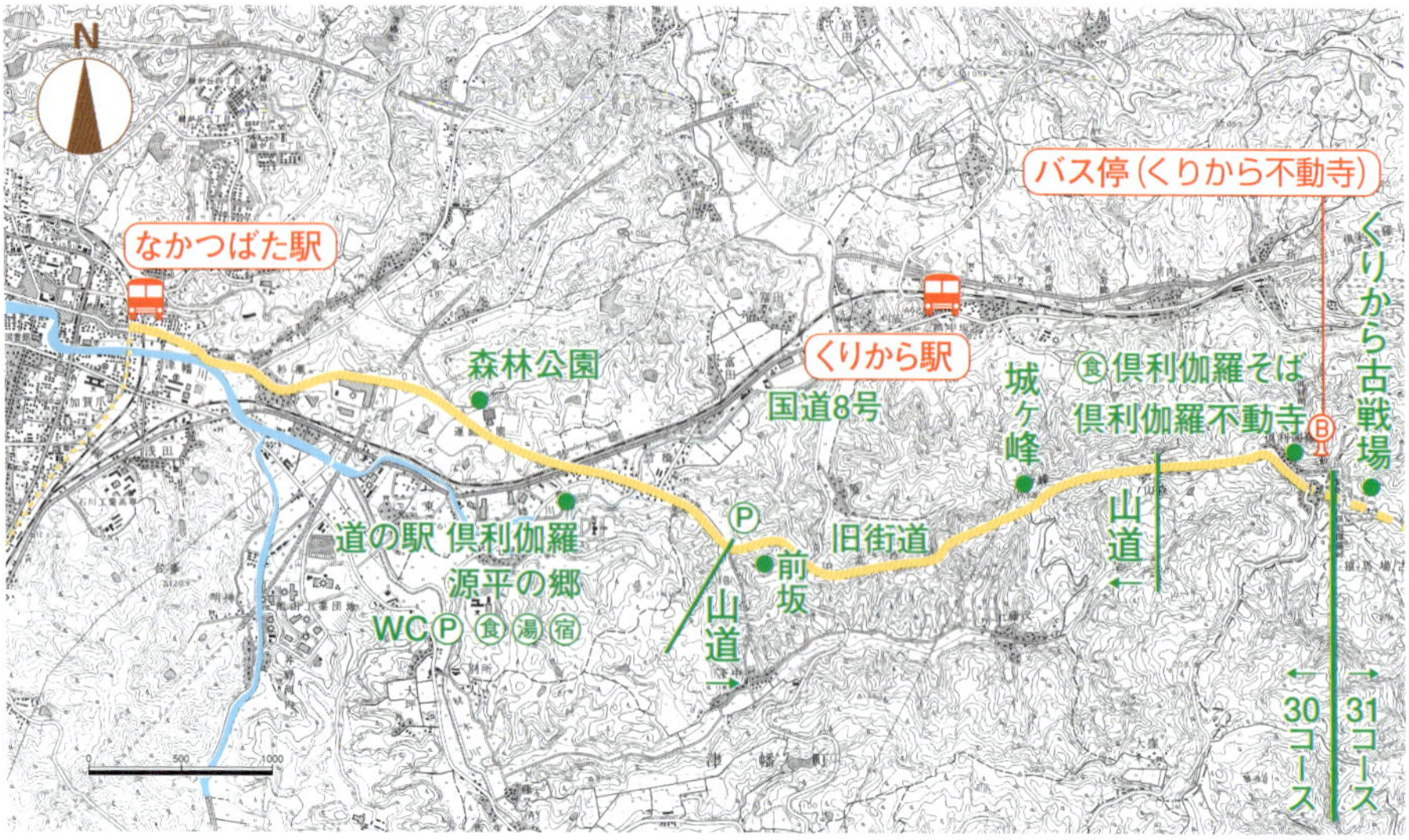


**■コースタイム（6.9km）**

くりから古戦場（0.4km・5分）倶利伽羅不動寺（3.8km・1時間10分）前坂（1.7km・25分）倶利伽羅源氏の郷竹橋口（0.5km・7分）森林公園（2.3km・40分）JR中津幡駅

**■25,000分の1地形図：**「倶利伽羅」「津幡」

**■交通アクセス：**

往路：JR北陸本線・倶利伽羅駅

復路：JR七尾線・中津幡駅

**■問い合わせ先：**石川県自然保護課
自然公園グループ　076-225-1478

**■食事：**

道の駅倶利伽羅源平の郷　076-288-1054　竹橋

倶利伽羅そば　076-288-1451（倶利伽羅不動寺）

**■温泉：**

倶利伽羅塾源平の湯　076-288-8668　竹橋西

**■宿泊：**

倶利伽羅塾源平の湯　076-288-8668　竹橋西



という500頭の牛の角にたいまつを燃やし、平家の陣に牛の大群を追い入れるという奇想天外な策を講じ、これによって、平家軍は地獄谷の底へと落ちていき壊滅してしまう。この後、勝利した木曽義仲は京都へ進軍して、翌年に征夷大将軍に任ぜられた。

倶利伽羅公園を過ぎる。現在、このあたりは毎年4月から5月上旬にかけて、八重桜の並木が広がる。

その先は倶利伽羅不動寺へと着く。不動寺からアスファルト舗装の坂を西へ下っていくと、秀雅上人像の小さなお堂を過ぎる。

## 偉人も往来した旧北陸道

山森集落の「歴史国道」の

山道の最後の木道

看板を左折して、地道が残る旧北陸道を歩く。平氏が敗走し、源氏が勝利の行軍をした道だ。「クマ出没注意」の看板がある。クマが出没するような山中を歩くときは、クマ鈴などを身につけて自分の存在を知らしめながら歩いていこう。

旧北陸道は主要な街道のため歴史上の偉人が往来している。戦国武将の豊臣秀吉や柴田勝家、俳人の松尾芭蕉なども、そのうちのひとりだ。城ヶ峰にはかつて馬洗い場や道番人屋敷があり、今は跡となっている。〝加賀百万石〟の前田利家の支配時に宿場町として発展し、駅場や人夫を常設して道には美しい松を植えた。現在でも山林集落と竹橋集落の間の旧街道は当時の面影を残している。

倶利伽羅不動寺

この道は文化庁の歴史の道百選にも指定されている。比較的広くて歩きやすい道がつづき、南側の展望も開けている。下りも前坂までくると終盤だ。前坂は大勢の兵が身を隠せる地形をしており、急勾配の坂は戦略攻防の要所となったところだ。山道の最後はやや傾斜のある木段を下る。

峠から3・8㎞のこの坂を下ると歴史国道の道標があり、車道との交差点に案内板が立つ。田んぼのなかの道を抜けて、竹橋集落のなかにまっすぐに延びる道を直進すると、国道8号に面して建つ、倶利伽羅源平の郷竹橋口（道の駅）に到着する。正面にある大きな火牛の像は迫りくる迫力がある。

館内には展示コーナーがある。火牛の計を劇風に表現したマジックビジョンでの案内や、倶利伽羅峠の周辺の模型、峠に生息するシジュウカラ、ウグイス、メジロ、キジなどの生物や自然を紹介している。休憩所ではお茶も用意されているので、ここで一服しよう。来館者の記帳ノートもあり、思い思いの旅をつづってみるのも旅の楽しみだ。となりに建つ公共の宿、倶利伽羅塾では食堂や温泉がある。

## 盛りだくさんの森林公園

道の駅から国道8号線を渡り、ＪＲ金沢本線の高架をくぐる。8号線は交通量が多いので、左右の確認が必要だ。

田んぼの間を進み、グラウンドから坂を上がると整備された芝生公園や体育館がある森林公園に到着する。広場ではフリスビーに汗を流すカップルやバトミントンに盛り上がる家族連れがいる。

この森林公園は園内をスポーツの森、学習の森、家族団らんの森、散策の森の5つに分けている。それらの「森」において、スポーツやアスレチック、キャンプを通して自然と触れ合うことができるようになっている。

森林公園から出て坂を下ると、イノシシの尻尾を供養したといわれる猪塚がある。長い坂を下りきり、二差路を右に進路を取り民家の間を歩いていく。やがて能登へとつなぐＪＲ七尾線の線路を渡って中津幡駅に着く。

## 戦勝祈願の埴生護国八幡宮

旧北陸道から源平争乱の地を訪ねてみよう。

JR石動駅の駅前には木曽義仲の小さな銅像と中部北陸自然歩道の案内板が立っている。国道471号から石堂町西の交差点を左折して、JR北陸本線の踏み切りをわたり、小矢部自転車道を経由して、県道42号を左折する。

埴生（西）交差点を右に曲がって、かつて埴生加宿《はにゅうかしゃく》として栄えた通りを歩く。当時は、運送業を営む馬宿や茶屋、商家などが集まっていた。今も

# 倶利伽羅峠越えのみち

## 木曽義仲が進軍した旧北陸道をたどってみよう

●5.4km　みどころ——埴生護国八幡宮、猿ヶ馬場、矢立、倶利伽羅不動寺

難易度……★★★★★



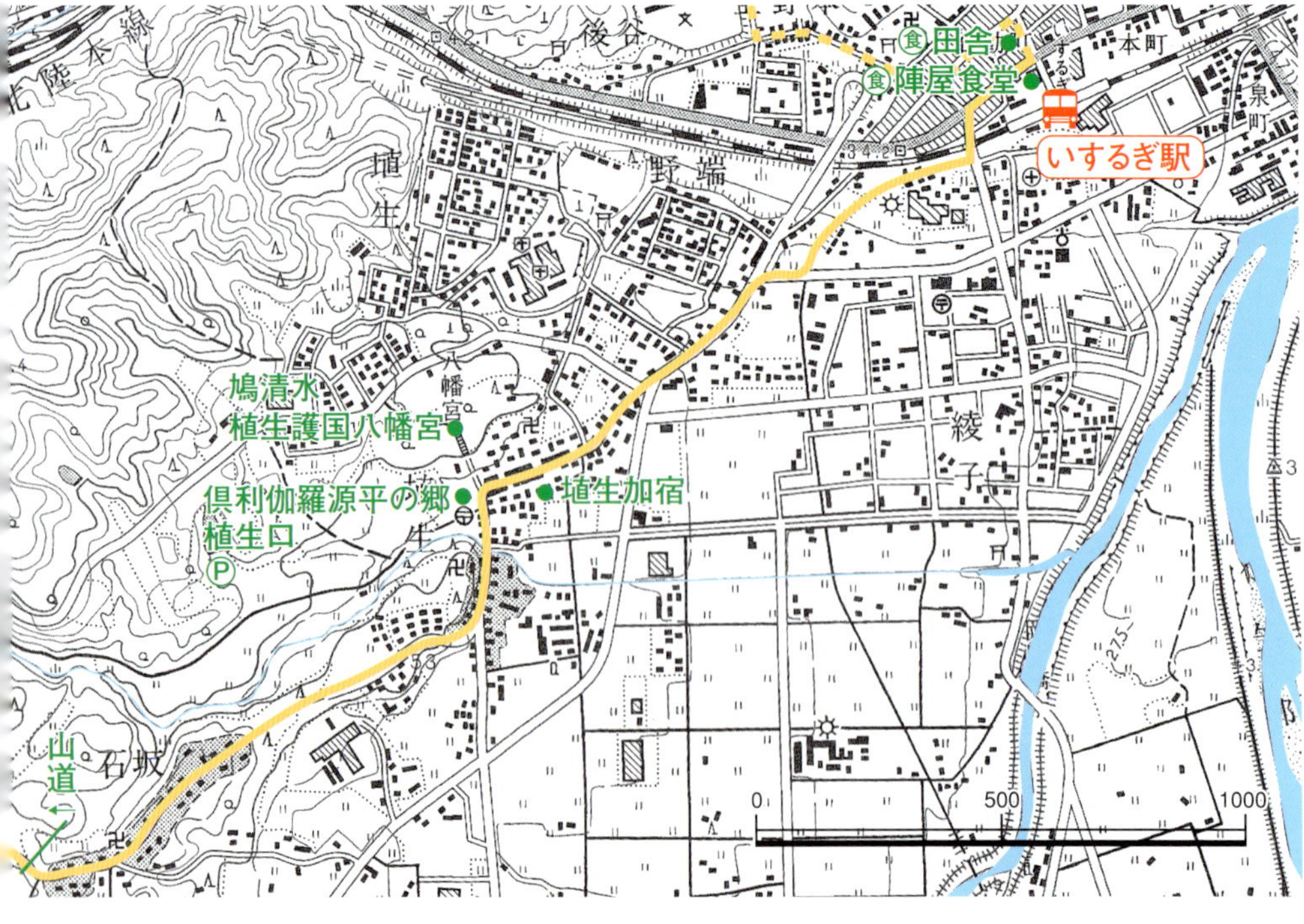

木曽義仲が戦勝祈願をした八幡宮

街道沿いの雰囲気を残す。

　通りの先に源平争乱の1183（寿永2）年、源氏の木曽義仲が戦勝祈願をして、平家の平維盛軍を撃破したという埴生護国八幡宮がある。境内には木曽義仲の銅像が建っており、騎馬像としては全国有数のものだ。御手洗石鉢には富山ふるさとの名水に選ばれている「鳩清水」が注いでいる。

**■コースタイム（5.4km）**
ＪＲ石動駅（1.5Km、25分）埴生護国八幡宮（2.5Km、45分）矢立（0.5Km、15分）砂坂（0.5Km、25分）猿ヶ馬場（0.3Ｋｍ、5分）倶利伽羅峠（0.1Ｋｍ、3分）倶利伽羅不動寺<終点>（0.2Ｋｍ、3分）くりから不動寺バス停

**■25,000分の1地形図：**「倶利伽羅」「石動」

**■交通アクセス：**往路：ＪＲ北陸本線・石動駅
復路：加賀越能鉄道バス「くりから不動寺」バス停

**■問い合わせ先：**
小矢部市商工振興課　0766-67-1760

**■食事：**陣屋食堂　0766-68-0406　石動町
田舎　0766-67-6338　石動町
倶利伽羅そば　076-288-1451（倶利伽羅不動寺）

**■温泉：**法楽寺鉱泉　0766-67-6978　法楽寺

**■宿泊：**小矢部市サイクリングターミナル
0766-61-3596　浅地

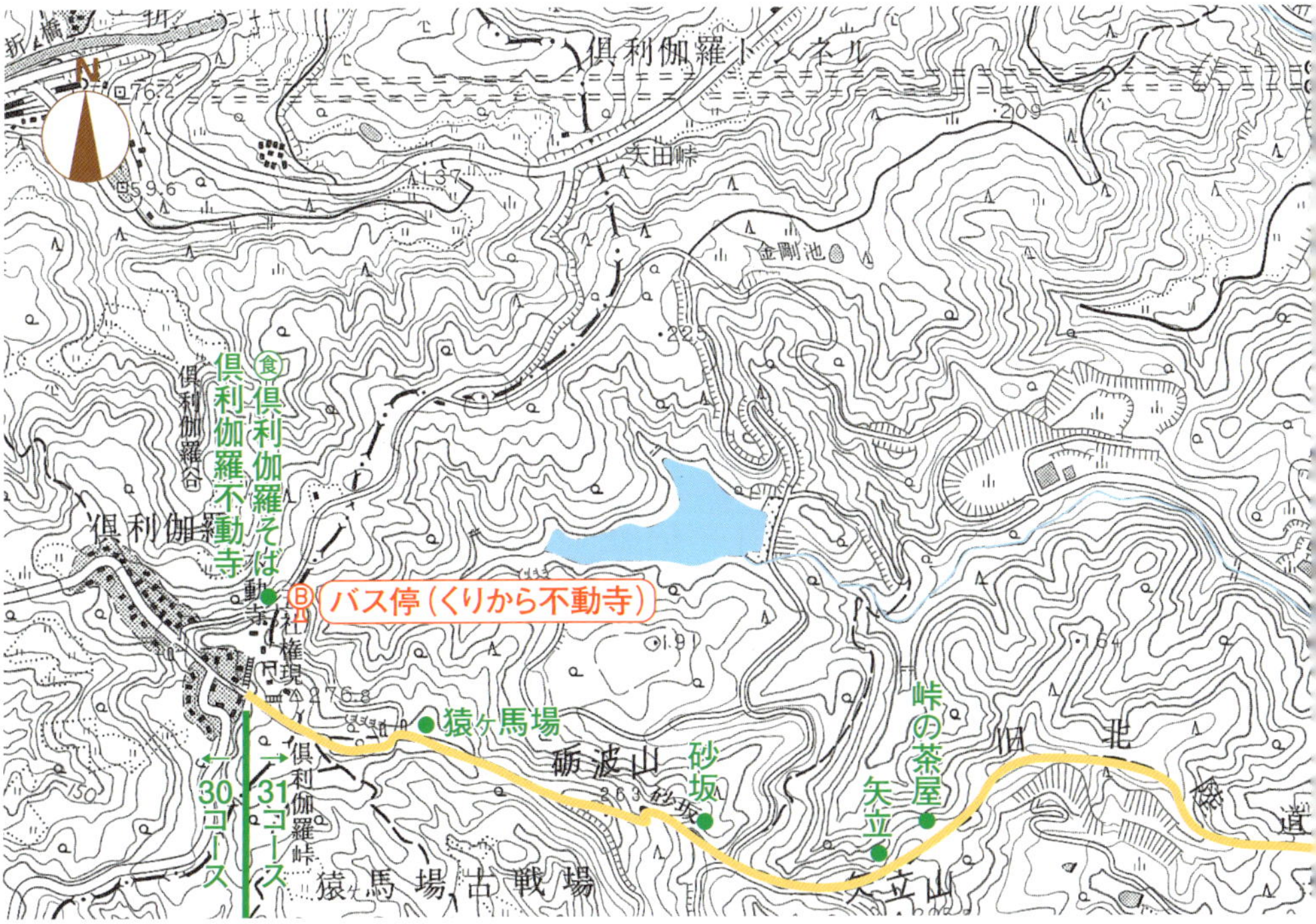

歩きやすく整備された街道

長い１０３段の石段を上ると八幡宮が建っている。桃山建築の風格ただよう社殿だ。７１８（養老2）年、豊前国（現大分県）宇佐八幡宮の分霊を迎えて祀《まつ》ったことが始まりとされ、戦国武将の武田信玄、前田利家、佐々成政らにも信仰されていた。

隣接の歴史国道案内休憩施設「倶利伽羅源平の郷　埴生口」では倶利伽羅峠の歴史をシアターで紹介、レプリカの展示やパソコンでの検索コーナーもある。倶利伽羅峠を歩きだす前に訪れておくと、よりいっそう理解が増すだろう。

## 句碑や歌碑がつづく旧北陸道

倶利伽羅峠への道は国土交通省の歴史国道「北陸道倶利伽羅越え」としても整備されている。八幡宮からアスファルトの道を歩いていき、医王院を過ぎる。二差路を右折して西側の坂を登っていくと、やがて旧北陸道の山道の入り口だ。しばらく登ると、たるみの茶屋の跡があり、南東に小矢部の町が見渡せ、じつに眺望がすばらしい。街道のとくに峠越えの途中には、旅人が休んだり食事をするための茶屋があった。倶利伽羅峠には茶屋が10軒も営まれていた。さらに30分ほど登ると今度は峠茶屋の跡がある。

途中には句碑や歌碑が立つ。万葉の歌人の大伴家持が越中に赴任した際や、江戸時代の歌人の松尾芭蕉が「奥の細道」の旅で訪れた際、それぞれ北陸道を通ったためと思われる。

峠の茶屋の跡からはすぐに源平合戦のときに源氏の最前線となった場所の矢立に着く。幅３００ｍの谷の向こうにある塔の橋から平氏の軍勢が矢を放ち、林のように矢が立ったことから矢立と呼ばれるようになった。

京都までの距離が書かれた道標を過ぎ、しばらく樹木に覆われた山々の景色が見られる一般道の源平ラインに合流して歩く。塔の橋からかつては「七曲の砂坂」とよばれる難所であった砂坂への山道をふたたび歩く。現在は歩きやすいように舗装整備されている。

砂坂を抜けて一般道の源平ラインにふたたび合流する。ここからは小矢部市の展望がいい。そして、倶利伽羅合戦で平維盛率いる平家軍が本陣を置いた猿ヶ馬場に到着する。ここは、平家軍が木曽義仲の〝火牛の計〟の奇襲を受けた場所だ（第30コース参照）。牛の角にたいまつが付けられて突進する像が2頭ある。現在はブナ林にかこまれている。

## 名物の倶利伽羅そば

峠の頂上付近には倶利伽羅公園があり桜7000本が植樹されている。ゴールデンウィークのころには家族連れや花見客でにぎわう。

石川県津幡町との県境にある倶利伽羅峠を越えて倶利伽羅不動寺に着く。倶利伽羅不動寺は日本三大不動尊のひとつだ。毎月28日の不動縁日には、10時と13時に大護摩供養を行っている。インドの高僧善《ぜん》無《む》畏《い》三蔵《さんぞう》の彫刻と伝えられている倶利伽羅不動尊が奥の院に奉安されている。

ちなみに、かつて倶利伽羅不動前の茶屋では砂糖もちが名物だったそうだ。今は食堂「倶利伽羅そば」が建っている。名物のくりからそばは、そば粉に山ごぼうが入っているのが特色だ。店外にただようだし汁のにおいについつい足を運んでしまいたくなるだろう。

平氏の軍勢の矢が突き刺さった矢立

“火牛の計”の像

くりからそば

猿ヶ馬場（古戦場跡）

32
南砺市

## 散居村を望む つくばね森林公園

つくばね山のふもとに広がるつくばね森林公園は、カラマツ林にかこまれている。砺波平野を望むこの場所からは、日本の稲作農村に特徴的な碁石を散りばめたように点在する散居集落を一望できる。つくばね山頂からは遠く能登半島まで見渡せる。

周辺には全国でも有数のミズバショウの群生地である縄ヶ池、標高６５０ｍの高原牧場の原山牧場がある。５月上旬から10月中旬にかけて、数

# 朴峠牛方をしのぶ石畳のみち

## 世界遺産の五箇山街道を訪ねる歩き旅に出よう

●12.2km　みどころ――人喰谷、お助け小屋跡、相倉合掌集落、つくばね森林公園

難易度……★★★★★



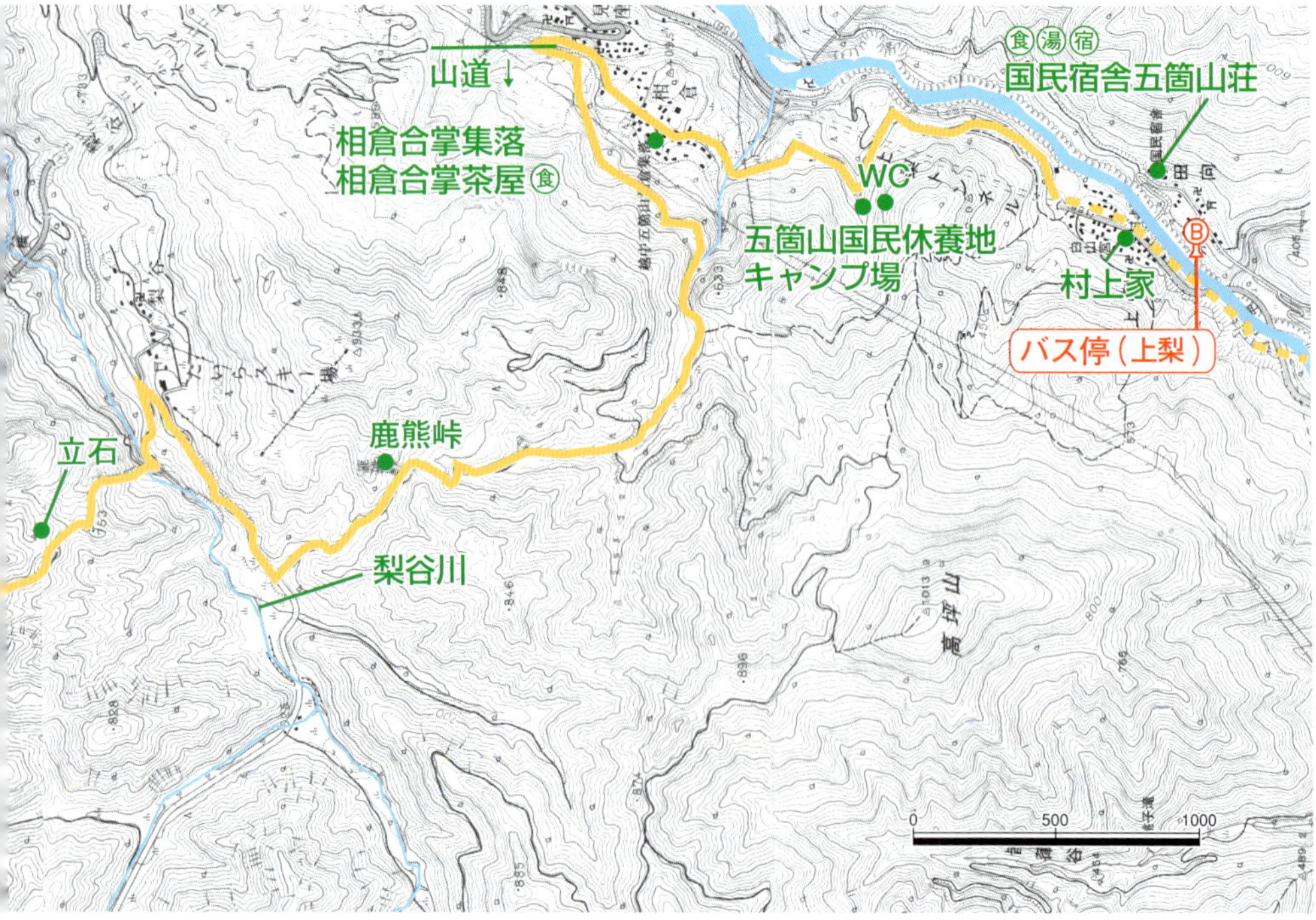

十頭の乳牛が放牧される。

城端町林道を行く。緑深い原生林の断崖に落ちる夫婦《めおと》滝が見えてくる。年中水音の絶えることのない二条の滝。昼間は二つの滝が寄り添って落ちる姿と、夜になると重なって一筋になるとのいい伝えから夫婦滝の名がついた。

旧五箇山《ごかやま》街道の入り口には若杉集落跡記念碑が立っている。1965年まで27戸の合

深い山間にある五箇山の集落

**■コースタイム（12.2km）**

大鋸屋バス停（6.7km）<起点>つくばね森林公園（2km・20分）旧五箇山街道入口（0.8km・25分）唐木峠（0.8km・25分）人喰谷（1.6km・45分）朴峠（0.1km・3分）お助け小屋跡（0.6km・15分）立石（0.8km・15分）梨谷川（0.3km・5分）梨谷（1.6km・45分）鹿熊峠（3.7km・60分）相倉合掌集落（1.9km・30分）平村上梨

**■25,000分の1地形図：**「上梨」「下梨」

**■交通アクセス：**往路：大鋸屋バス停
復路：上梨バス停

**■問い合わせ先：**
南砺市経済部観光課　0763-23-2019

**■食事：**
つくばね森林公園　0763-62-2115　林道
相倉合掌茶屋　0763-66-2815　相倉

**■温泉：**
国民宿舎五箇山荘　0763-66-2316　平村田向
くろば温泉　0763-67-3741　上平村細島

**■宿泊：**
つくばね森林公園　0763-62-2115　林道
五箇山国民休養地キャンプ場
0763-66-2133　平村相倉
五箇山青少年旅行村
0763-67-3300　上平村菅沼

夫婦滝

つくばね公園

掌集落があったが廃村となった。

## 難所がつづく 旧五箇山街道の山道

街道の入り口には「旧五箇山街道登り口」の道標が立っている。その昔、奥深い五箇山の村から往来の人々や牛が繭を背負いながら険しい山越えをした街道と伝えられている。途中には解説板があり、昔の人たちが往来したときの様子が記されている。南へ向かって石畳が点々と残る山道を歩き、峠を越えていく。

道が赤土で滑りやすいので、近くの谷にあった凝灰岩が敷きつめられ、冬季にも容易に荷物を運ぶことができるようになった。若杉から唐木峠までの石畳はまっすぐな登り道となっているので、雨の日にはこの道は雨水が川のように流れるそうだ。

城端町林道から弁慶膝付きの石を経て、唐木峠に着く。その後、五條の谷筋の人喰谷《ひとくいだに》を歩く。この恐ろしい地名の由来は、この歩道が城端と五箇山を結ぶ重要な道であったころ、地形が険しく谷に落ち込んでいるため、冬場は雪崩と共に多くの人命が飲み込まれたことによる。

今でも横渡りの難所は、ところどころ歩道が細くなっていて、湧き水によって路面が濡れていたり倒木があったりするので注意が必要だ。落葉広葉樹にかこまれた標高８５５ｍのコース最高所になる朴《ほお》峠《とうげ》に着く。深呼吸をしながら自然の成分をいっぱいに吸い込もう。ここから高落場山への登山道も延びている。江戸時代にはこの地にお助け小屋があり、休息、避難など往来する人々の頼りとされていた。今はベンチが設けられ、休憩するのに適している。これから先は急斜面を下るので、足元に気をつけて下山したい。

立石の休憩所から向坂を下って、梨谷川に到着する。梨谷集落の手前には、たいらスキー場がある。車道を８００ｍほど歩いて、ふたたび鹿熊峠への山道を登っていく。標

険しい旧五箇山街道の登り口

高差１００ｍほどを登り、約20分で峠に到着し、峠からはゆっくりと標高を下げていく。

　相倉集落には峠から1時間弱で下りられる。下りの終盤で上から集落を見下ろすポイントがあり、そこからの景色は越中の深い山の連なりの間に合掌集落と田園が広がり美しい。

## 山岳豪雪地帯の相野倉合掌集落

　相倉《あいのくら》合掌集落は山岳豪雪地帯に発達した大型木造家屋の集落だ。現在も地域住民約80人が生活をしている。平家の落人が隠れ住んだと伝わる利賀谷、小谷、下梨谷、上梨谷、赤尾谷集落を五箇山とよぶ。１９９５年12月、菅沼合掌集落と岐阜県白川郷とともに世界文化遺産に登録された。相倉には20棟の合掌造りが現存し、菅沼集落には9棟、白川郷には１１３棟が建っている。

　約１００〜２００年前に建てられたものが多く、古いものになると４００年前に建造されている。合掌の組み立てには梁は1本も使っていない。屋根の勾配は60度と急角度で断面は正三角形にちかく、雪がすべり落ちやすい形だ。相倉民俗館では五箇山で使用していた生活用具や五箇山和紙の資料を展示している。

　相倉民俗館から相倉合掌造り集落を離れて坂を下っていき、相倉野営場、左手にある霞滝展望台を過ぎる。

　国道１５６号と合流して、にぎやかな上梨集落に着く。上梨バス停のすぐ近くに村上家がある。４００年前に建てられたと伝わる合掌造りの代表的な民家だ。1階のいろり端では「こきりこ節」などの民謡も聞かせてくれ、観光客に人気のスポットだ。五箇山を訪れた際には立ち寄って合掌集落の暮らしにもふれてみたい。

のどかな相倉合掌集落

## 参考文献


1 『歩く地図⑩飛騨・高山』（山と渓谷社）
2 『「奥の細道」を歩く』（山と渓谷社）
3 『奥の細道（全）』（角川書店編・角川文庫）
4 『手にとるように「おくのほそ道」がわかる本』（長尾剛著・かんき出版）
5 『「日本100選」旅案内』（辻原康夫編著・トラベルジャーナル）
6 『東海キャンプ場』（山と渓谷社）
7 『東海・北陸日帰り温泉』（山と渓谷社）
8 『岐阜県の山』（山と渓谷社）
9 『深田久弥の日本百名山　上』（ＪＴＢ）
10『ふれあいウォーク　東海自然歩道』（宇佐美イワオ著・風媒社）
11『万有百科大事典８　日本地理あ－そ』（小学館）
12『万有百科大事典８　日本地理た－わ』（小学館）
13『九州自然歩道を歩く』（田嶋直樹著・葦書房）
14『東北自然歩道を歩く』（田嶋直樹著・無明舎出版）


## インターネット


1 岐阜県「自然・歴史・文化にふれる中部北陸自然歩道」
http://www.pref.gifu.lg.jp/pref/s11549/chuhoku/
2 福井県「福井県　長距離自然歩道について」
http://info.pref.fukui.jp/shizen/trail/trail.html
3 石川県「石川県の自然に親しむ（自然歩道）」
http://www.pref.ishikawa.jp/sizen/siz3.html
4 富山県「中部北陸自然歩道｜富山県」
http://www.pref.toyama.jp/cms_sec/1709/kj00000904.html
5 滋賀県「自然環境保全課」
http://www.pref.shiga.jp/d/shizenhogo
6 長野県「中部北陸自然歩道　長野県内ルートについて」
http://www.pref.nagano.jp/seikan/kankyou/chuuhoku/chuuhoku-top_1.htm
7 新潟県「新潟県内中部北陸自然歩道のコースマップ」
http://www.pref.niigata.jp/sangyorodo/sangyo/web/kanshin/p22.html
8 群馬県「自然歩道利用促進」
http://www.pref.gunma.jp/hpm/kanshizen/00076.html
9 全国「自然大好きクラブ　長距離自然歩道を歩こう！」
http://www.nats.jeef.or.jp/shizenhodo/page01.html
10 全国「日本ウオーキング協会」
http://www.walking.or.jp/
11 全国「田嶋直樹の日本縦断トレッキングの旅」
http://www.walking.or.jp/tajima/index.htm

# おわりに

国内外を飛行機や電車、車といった電力の乗り物で訪れ、そして日本を自転車や歩きの人力で移動して、目と足で見るたびに日本の良さを感じます。さらに、近年とくに足を運んでいる自然歩道には〝身近な〟日本の魅力を再発見します。

本書は２００２年から２００６年まで何度も現地に足を運んで、その土地の人に聞いた話し、歴史や伝説など縁のある内容を盛り込みました。歩きという手段が、地元の人たちとふれあえるのも生活する速さと同じリズムであるからだろうと感じます。

読者の皆様にとって、歩きのガイドの要素に加えて、歩く気持ちをさらに高揚させる本になればうれしく思います。

最後に、撮影の協力と写真を提供してくれた庄川良太郎氏、一緒に自然歩道を歩いてくれた友人や両親と妹、サポートしていただきました日本ウオーキング協会、シリオ、エイアンドエフの皆様に感謝します。さらに、取材の同行や原稿の執筆に多大なアドバイスを与えてくれた妻の美由紀、ありがとう。

本書の執筆の機会を与えていただきました風媒社代表の稲垣喜代志氏、編集長の劉永昇氏、執筆を温かく支えていただきました担当の林桂吾氏、誠にありがとうございました。

これからも日本の歩き旅を通じて、人とのふれあい、自然との共存の大切さ、日本の歴史の歩みを体感していきたいです。

二〇〇六年十一月四日

田嶋直樹

［著者略歴］
田嶋直樹（たじま・なおき／本名：田邊直樹）
1971年8月、愛知県生まれ。野山のトレッキングや街道・古道歩きを通じて、日本の自然や歴史を伝えるフィールドライター。
1999年、自転車で日本一周13000キロを走破する。2001年2月より自然歩道をつないで徒歩による日本縦断を開始、2003年6月に青森県龍飛崎へ到達して6000キロを踏破する。
環境省自然環境局長より「平成13年度　自然歩道関係功労者」として表彰を受ける。
現在、地元中部圏の街道や山岳、森林を中心に歩きの旅を楽しんでいる。あつた勤労者山岳会会員。
著書に『九州自然歩道を歩く』（葦書房）、『東北自然歩道を歩く』（無明舎出版）がある。本書が“自然歩道を歩く”シリーズの3作目になる。

装幀／夫馬デザイン事務所

**中部北陸自然歩道を歩く**

2007年6月15日　第１刷発行　　（定価はカバーに表示してあります）

著　者　　田嶋　直樹
発行者　　稲垣 喜代志

発行所　名古屋市中区上前津2-9-14　久野ビル
振替00880-5-5616　電話052-331-0008
http://www.fubaisha.com/
風《ふう》媒《ばい》社《しゃ》

乱丁・落丁本はお取り替えいたします。　＊印刷・製本／大阪書籍
ISBN978-4-8331-0128-8

加藤敏明

## 東海 花ごよみ

プロの写真家が選んだ花の名所を紹介する花めぐりガイド。現地の歴史的エピソードや民俗的な背景も短く紹介し、より親しみの持てる花の案内書をめざしました。花々との心踊る出会いを求めて、小旅行はいかが？

一五〇〇円＋税

南姫なごみ取材班 編

## 東海の絶景

一度は訪れてみたい景勝地から知られざる絶景地まで。愛知・岐阜・三重の、心ふるわす感動の風景五〇選。それぞれのポイントの見どころ、周辺地図、交通機関、車でのアクセス方法など、多数の風景写真とともに。

一五〇五円＋税

宇佐美イワオ

## ふれあいウォーク 東海自然歩道

手軽に楽しむウォーキングロードとして親しまれてきた東海自然歩道。愛知・岐阜・三重の全コース七二〇キロを完全イラスト化し、所要時間、歩行距離、トイレの有無など、実際に歩いて集めた便利な情報を収録。

一三〇〇円＋税